Zurück ins
Land der Duckmäuse?
Lieber nicht!

Miniaturen
zu Politik und Gesellschaft

I sag gar nix.
Dös wird man doch noch sagen dürfen.

Karl Valentin

Inmitten der Verschleierungen und Kunstgriffe,
die über die Menschen herrschen,
ist es nur die Aufmerksamkeit und Wachsamkeit,
die uns vor Überraschungen retten kann.

Jacques Benigne Bossuet

Die Duckmaus ist nie kontrovers, sie kennt nur einen Vers:
Von mir aus, meinetwegen, ich habe nichts dagegen.

Erhard Horst Bellermann

Luise Link

Zurück ins
Land der Duckmäuse?
Lieber nicht!

Miniaturen
zu Politik und Gesellschaft

Bibliografische Information der Deutschen Nationalbibliothek:
Die Deutsche Nationalbibliothek verzeichnet diese Publikation in
der Deutschen Nationalbibliografie; detaillierte bibliografische Daten sind im Internet über http://dnb.dnb.de abrufbar.

Zwei Illustrationen: Doris Bauer
Verlag: BoD • Books on Demand GmbH,
In de Tarpen 42, 22848 Norderstedt
Druck: Libri Plureos GmbH, Friedensallee 273,
22763 Hamburg
2., erweiterte Auflage 2024

ISBN 978-3-7597-9497-0

Inhalt

„Ach, Luise lass,
das ist ein zu weites Feld…“
Theodor Fontane

In regelmäßigen Abständen kam mir das vorstehende Wort von Theodor Fontane beim Schreiben dieses Buches in den Sinn. Aufgeben. Lassen. Nützt nichts – nun lesen Sie gerade die ersten Zeilen. Ich habe mich also anders entschieden. Viele Wenig ergeben ein Viel, pflegte meine Mutter zu sagen.

Abtauchen oder Wegducken – ist keine individuelle oder gar gesellschaftliche Lösung, auch, wenn nicht wenige in unserem Land *den Kanal von der Politik vollhaben*! Wenn wir uns wegen dieser Empfindungen zurückziehen, wie die drei Affen nichts mehr hören, sehen oder sagen wollen, wird die Demokratie zur Farce, wir werden zum Spielball der Mächtigen. Denn: Wer schweigt, stimmt zu.[1]

Ich war fast vier Jahrzehnte Lehrerin für Politik und Wirtschaft. Der Staat, unser Dienstherr, hatte uns beauftragt, junge Menschen zu mündigen Bürgern, nicht nur mit dem Ziel eigener Urteilskraft, sondern auch der **Fähigkeit zum Widerspruch** zu erziehen. Das prägt, lebenslang!

Dieses Buch beschäftigt sich mit Politik und Gesellschaft, mit Hintergründen, Erscheinungen und Strukturen, die nicht immer offensichtlich sind. Die alphabetisch geordneten Begriffe und Beiträge erleichtern das schnelle Auffinden interessierender Themenbereiche.

Viel Anregung und Vergnügen beim Lesen wünscht
Ihre Autorin.

---

[1] In einer Vielzahl von europäischen Sprachen als Spruch bekannt; siehe auch Guerot, U., Wer schweigt, stimmt zu, Westend Verlag, 3. Auflage, Frankfurt/M. 2022

Schon wieder eine neue ismus-Ideologie aus Amerika?

Ist eine Welt ohne Sanktionen, ohne Strafen, realistisch oder erstrebenswert?[2]

„Gefängnisse sind Unterdrückungsinstrumente des racial capitalism und Gewalt ist eine Folge des Kapitalismus überhaupt."
So argumentieren Vertreter des *Abolitionismus*. Logische Konsequenz aus den Hypothesen wäre die Abschaffung der Unterdrückungsinstrumente – der Gefängnisse, der Polizei, der Rechtsprechung oder einfach gleich des Kapitalismus-Systems. Ob das funktioniert oder – wie auch schon im gescheiterten Marxismus-Experiment des Ostblocks – eine Fehleinschätzung der menschlichen Natur ist?

Gestern beobachtete ich einen Dreijährigen auf dem Spielplatz. Er wollte ein Auto haben, das ein Zweijähriger in der Hand hielt. Die Aggressivität, mit der der Kleine seinen Wunsch durchsetzen wollte (und von der Mutter sanktioniert werden musste), hatte wenig mit Kapitalismus, viel aber mit dem egoistischen Sinn des Menschen zu tun.

Also, bei gesellschaftlichen Experimenten lieber auch mal die Erfahrungen aus Jahrtausenden von Geschichte einbeziehen als durch Wolkenkuckucksheim das Kind mit dem Bade ausschütten.

Neu ist nicht gleich gut ...

---

[2] https://www.deutschlandfunkkultur.de/abolitionismus-eine-welt-ohne-polizei-und-gefaengnisse-100.html?utm_source=pocket-newtab-global-de-DE

Werden sie kommen? Waren oder sind sie schon da?

Alles Spinner
Wer noch vor zwei, drei Jahrzehnten solche Fragen gestellt hätte, wäre bestenfalls als Spinner abgetan worden. Inzwischen gibt es viele vertrauenswürdige Zeugen – vom Luftwaffenpiloten bis zum Verteidigungsminister – die Ufo-Sichtungen bestätigen[3]. Die Wissenschaft geht von unzähligen Habitat-Zonen – also Bereichen auf anderen Gestirnen, wo Leben in der einen oder anderen Form möglich wäre – aus.

Kontakt mit außerirdischen Zivilisationen suchen?
Stephen Hawking war strikt dagegen. Wer uns findet und es schafft, die Sternenreise erfolgreich zu absolvieren, muss viel weiter in der zivilisatorischen Entwicklung sein als wir selbst. Was machen wir mit den Menschenaffen, die mehr als 99 Prozent ihrer Gene mit uns gemeinsam haben? Wir sperren sie in Zoos ein, vor gar nicht allzu langer Zeit benutzten wir sie für Tierversuche. Keine schöne Aussicht für uns.

Botschaften für unsere extraterrestrischen Nachbarn
Mittlerweile haben verschiedene Organisationen bereits zahlreiche Botschaften für unsere außerirdischen Nachbarn ins Weltall gesandt, von der menschlichen DNA bis zur Sternenkarte mit den Koordinaten, in welchem Winkel des Universums sich unsere Erde versteckt. Radio- und Fernsehwellen geben darüber hinaus Kunde von ihren Bewohnern.

---

[3] Die jüngste Meldung findet sich hier: "Stehen in Kontakt mit nicht-menschlichen Intelligenzen": Militärexperte aus den USA schockt die ganze Welt! (msn.com)

Reagieren

Wie würde unsere Welt auf die Entdeckung oder gar Ankunft von Aliens reagieren? Angst, Panik, Bomben, Raketen, Festnahmen oder Heilserwartung?

In den USA und Großbritannien gab und gibt es Anstrengungen zur Erarbeitung von Plänen, wie man die Menschheit vorbereiten könnte. In Deutschland existiert hierzu keine – zumindest keine öffentliche – Strategie, weil „die Bundesregierung einen Erstkontakt auf dem Territorium der Bundesrepublik Deutschland nach heutigem wissenschaftlichem Kenntnisstand für äußerst unwahrscheinlich" erachtet ...

Feinde oder Freunde?

Erscheinungsbild und Charakter der Aliens – alles reine Spekulation. Oder wissen die Geheimnisträger von Roswell es bereits? Sehen sie aufgrund großen Drucks auf ihrem Gestirn wie Pfannkuchen aus, haben sie eine menschenähnliche Gestalt oder sind es eher Maschinen? Diese Antwort muss – noch – der Literatur und den Drehbuchschreibern überlassen werden.

Ob sie aggressiv und böse oder friedlich, sympathisch und weise sind – das wird hoffentlich noch lange ein Mysterium bleiben.

Anekdotische Evidenz

Was ist das?

Neue Begriffe sind erfolgreich, müssen aber nichts Neues beinhalten. Der alte Spruch „Einzelfälle darf man nicht verallgemeinern" bedeutet das Gleiche, klingt aber, zugegebenermaßen, weniger wissenschaftlich, klug, seriös.

14

Der Einzelfall in den Medien

Einzelfälle haben in den Medien eine große Bedeutung. Sie sorgen als populärer Einstieg ins Thema für einen lebensnahen, spannenden Artikel- oder Sendungsbeginn. Wenn der Medienkonsument – eigentlich unzulässig, aber nachvollziehbar und nicht selten gewünscht – den Fall für sich verallgemeinert, lassen sich singuläre Ereignisse durchaus trefflich instrumentalisieren.

Also, immer schön aufpassen ...

Angst und Hass

*In den letzten Jahren konnte man oft über **German Angst** lesen. Ist Angst etwas für Deutsche Typisches?*

Einer Studie der R+V-Versicherung von 2019 zufolge fühlten sich 39% der Befragten von Ängsten betroffen, der niedrigste Wert seit 1994, dem Beginn der jährlich beauftragten Studie. 2023 leidet fast jeder Zweite unter Ängsten, 45%, ein Anstieg um 6%.[4] *„Ukraine-Krieg, Wirtschaftseinbruch, Inflation: Eine Krise jagt die nächste – das verunsichert viele Deutsche. Im Jahr 2023 steigt der Angstindex zum zweiten Mal in Folge und erreicht mit 45 Prozent das höchste Niveau seit fünf Jahren. Besonders die Angst vor einem Wohlstandsverlust treibt viele Menschen um.“*[5]

Wie entsteht Angst?
„Nach Einschätzung von Experten ... sorgen vor allem zwei Rahmenbedingungen dafür, dass Angst erzeugt wird:

---

[4] https://www.ruv.de/newsroom/themenspezial-die-aengste-der-deutschen/langzeitvergleich
[5] Ebda.

dass die Medien regelmäßig und mit Nachdruck über ein Thema berichten. [...] Ängste bei gesellschaftlichen Themen sind daher verbreiteter als bei privaten Themen."[6] [7]

Angst als Ratgeber?

Ist Angst ein schlechter Ratgeber, so wie es das alte Sprichwort nahelegt? Wer panisch reagiert, es an Besonnenheit fehlen lässt, mag wohl das Falsche tun oder wollen. Andererseits ist Angst ein Motor für Veränderung. Aufgeklärte Menschen sind für Reformen – oder gar Revolutionen – eher zu begeistern. Nicht zufällig ging der Französischen Revolution die Aufklärung voran!

Dass Angst sich bestens für Instrumentalisierung durch die Politik eignet, hat nicht erst die Hetze gegen jüdische Mitbürger und ihre dramatischen Folgen im Dritten Reich gezeigt. Auch der Hexenwahn mit seinen zehntausenden Opfern legt davon Zeugnis ab.

Das zweite Gesicht der Angst ist also Hass. Wovor ich Angst habe, was oder wer mich in meiner Existenz bedroht, das oder den hasse ich.

Sich nicht informieren, um angstfrei leben zu können, ist sicher keine Lösung. Pro und Contra stets sorgfältig zu prüfen, vielleicht.

---

[6] Wetterauer Zeitung, 6.September 2019, Weniger Deutsche mit Ängsten", S. 1.

[7] Dass, wenn Menschen Angst um ihre Sicherheit haben (Sicherheitsbedürfnisse nach Abraham Maslow), sie diese zunächst befriedigen „müssen", ist in der Propagandaforschung seit Langem bekannt. „...ein weiteres, mächtiges Werkzeug der Propaganda: die Wirkung von Angst." (Tögel, J., Kognitive Kriegsführung. Neueste Manipulationstechniken als Waffengattung der NATO, Westend, 6. Aufl. 2023, S. 84)

Sprachbetrachtung

„It's the language, stupid!", erklärte mir einst eine kesse Engländerin die wirkliche Bedeutung von Adel.

Die Betrachtung der Sprache ist aufschlussreich, so viel steht fest. Was können wir aus der neuen deutschen Sprache lernen?

Neue deutsche Sprache

Erst einmal überrascht, dass es sie überhaupt gibt! Eine Sprache ist etwas Gewachsenes, nichts neu Geschaffenes! Zum Beispiel Mutter, Mama – das erste Wort, das Kinder lernen und aussprechen. Und Muttermilch aus der für Baby schönsten Milchtüte der Welt - Mimi.

Gendergerechtigkeit für „Mutter"?

Was wollen eifrige Genderer stattdessen?[8]

Statt „Mutter" soll man in Zukunft „austragendes Elternteil" sagen, der Vater heißt „nicht-gebärendes Elternteil". Das diskriminierende Wort „Muttermilch" könnte etwa durch „menschliche Milch" ersetzt werden.

Muttermilch versus Vatermilch

Warum ist Muttermilch diskriminierend?

Können Väter denn jetzt Vatermilch geben?

---

[8]https://www.google.com/search?client=firefox-b-d&q=Was+sagt+man+bei+Gendern+statt+Mutter%3FWas sagt man statt Mutter?

Was ist in Deutschland los?

Nur noch eine Minderheit von 43 Prozent der Befragten hält *„den Großteil der Nachrichten für vertrauenswürdig".* Noch nie war die Prozentzahl dieser „Gläubigen" so gering.

Mehr als die Hälfte der Befragten nimmt demgemäß an, dass sie belogen werden.[9] Und: Immer weniger Nutzer schauen regelmäßig Nachrichtensendungen (die Befragung definierte bereits einmal wöchentlich als regelmäßig ...), viele vermeiden sogar bewusst Nachrichten.

Zwiesprech?
Darüber hinaus deckte schon vor Jahren eine Allensbach-Studie auf, dass mehr als zwei Drittel der Deutschen mit zweierlei Zunge reden; nur noch in der Familie und bei engsten Freunden sagen sie ihre wirkliche politische Meinung. Mancher fühlt sich an den Zwiesprech der DDR[10] erinnert.

Nichts fragen und die Achseln zucken?
Achselzuckend haben wir uns an viele negative Veränderungen gewöhnt, wir fragen (zu) wenig, obwohl wir doch viele Jahrzehnte zu kritischen Staatsbürgern erzogen wurden.

Beginnt irgendwann das große Schämen?

---

[9] https://www.tagesschau.de/inland/reuters-institute-digital-news-report-100.html

[10] *Doublespeak* bei George Orwell, den man der DDR attestierte.

Ewige Wahrheiten, gibt es die?

Nicht wenige Menschen wähnen sich in deren Besitz und treten als Verkünder unumstößlicher – alternativloser – Erkenntnisse auf.

Eine philosophische Schule, die viele Jahrzehnte die Bundesrepublik geprägt hat – der *kritische Rationalismus* – war bescheidener.

Etwas ist so lange wahr, bis jemand diese Wahrheit, *die Hypothese*, widerlegen kann.

Schaut man auf die Geschichte, scheint der kritische Rationalismus eine vernünftige Denkschule gewesen zu sein: Das geozentrische Weltbild mit der Erde im Mittelpunkt, danach das heliozentrische Weltbild mit der Sonne im Zentrum, verfochten von den Mächtigen, der Kirche, mit Feuer und Schwert! Beide und viele andere Vorstellungen mehr versanken in der Bedeutungslosigkeit, weil sie falsch waren.

Wie kann man, gleichgültig, in welcher Zeit, der Wahrheit so nahe wie möglich kommen?

Indem unterschiedliche Auffassungen und Herangehensweisen auf dem Weg zur Wahrheit nicht nur geduldet, sondern gefördert werden.

Es lebe der Dissens!

Betreutes Denken

Betreutes **Wohnen** *- darunter kann sich wohl jeder etwas vorstellen. Betreutes* **Denken** *- immer häufiger hört man diesen Begriff.*

19

Der betreute Denker denkt nicht mehr selbst, er ist denkfaul oder denkunfähig geworden ...

Betreutes Denken
Wenn Nachrichten-Konsumenten nicht mehr an den Informationen selbst, sondern eher an ihrer Einordnung und Bewertung interessiert sind - oder Journalisten eher beeinflussen, „erziehen" statt informieren wollen.

Beweislastumkehr?

Im Zweifelsfalle für den Angeklagten (in dubio pro reo) ist ein Rechtsgrundsatz, der schon in der griechischen Antike bei Aristoteles seinen Platz hatte.

Er prägte auch die Rechtsgeschichte im deutschen Sprachraum und hat heute die Geltung eines grundrechtsgleichen Rechts. Ebenso gilt allgemein die *Unschuldsvermutung*.
Wenn stattdessen ein Verdächtiger seine Unschuld beweisen müsste, nennt man das *Beweislastumkehr*. Das wäre nicht weniger als eine Revolution im Denken – eine deutliche Rolle rückwärts ...

Cancel Culture (1)

... wird das ein wohlfeiles Instrument, um alle Geistesgrößen, historischen Persönlichkeiten, alle „unpassenden" Ideen aus dem Weg zu räumen, wenn ihr Wirken für manche, viele? Leute heute als unbequem, nicht mehr förderlich, unangemessen angesehen wird?[11]

---

[11] Wer eigentlich? Medien, Politik, Interessengruppen, mächtige Lobbyisten? Wer entscheidet über die Bewertung?

Westfälische Wilhelms-Universität Münster
Dass die Universität in Münster nun nicht mehr Westfälische Wilhelms-Universität Münster, sondern lapidar *Universität Münster* heißen soll – ist zwar schade, denn Geschichte gehört nun einmal zu einem Kulturvolk dazu.

Geschichte zeitgebunden, kontextabhängig?
Sollte man Geschichte nicht durchgängig auch als zeitgebunden ansehen?

George Orwell
Dass nun alle Äußerungen von George Orwell untersucht werden sollen, ob sie vielleicht Antisemitisches enthielten?

George Orwell – bürgerlich Eric Blair – hat zum Autoritarismus und Totalitarismus und seinem Verständnis Bahnbrechendes und in der Breite Wirkendes geleistet. Ihn auf den „Index" zu setzen, ihn seiner Wirkung auf heute zu berauben, ihn zu canceln – wäre das nicht weit übers Ziel hinausgeschossen und wer hätte daran ein Interesse?

Die alte linke Frage „*Cui bono? Wem nützt das?* – die sollte in diesen Zeiten wieder öfter gestellt werden …

Cancel Culture (2)

> *„Who controls the past*
> *Controls the future.*
> *Who controls the present*
> *controls the past."*

das denkt Winston Smith, der Protagonist in dem weltberühmten Buch „1984" von George Orwell. Er lebt und stirbt in der dystopischen Gesellschaft, die von IngSoc, der sozialistischen Partei (wohl Englands) errichtet worden ist.

Cancel Culture (Vernichte (die) Kultur!) ist eine Bewegung aus den USA, die in den letzten Jahren zunehmend an Bedeutung gewonnen hat. Dachte man früher, nur verblendete Ideologen oder religiöse Eiferer würden Bücher verbrennen oder Welterbe-Denkmäler zerstören, hat die Bilderstürmer-Mentalität heute wieder viele Anhänger – im Namen von Gerechtigkeit, Antirassismus, Gleichheit und Klimaschutz.

Cannabislegalisierung:
Falsch verstandene Liberalität oder Alles egal?

Die Meldungen, dass Cannabis psychische Erkrankungen von Antriebsarmut bis hin zu Psychosen vor allem bei jungen Männern auslöst, werden immer zahlreicher.

Allein in Nordrhein-Westfalen waren 2021 viertausend Menschen wegen der Folgeschäden von Cannabis im Krankenhaus. Und sie sind fast ausnahmslos jung, unter 39 Jahren.[12] Ein ähnliches Bild zeigen auch Daten des Statistischen Bundesamtes für die Zeit von 2000 bis 2018. Die Zahl der Krankenhausaufenthalte (wegen Cannabis) hat sich in Deutschland in dieser Zeit sogar versechsfacht.

No risk, no fun?

---

[12]https://www.wa.de/nordrhein-westfalen/cannabis-krankenhaus-psyche-psychiatrie-hamm-soest-warendorf-nrw-statistik-92281361.html

Warum legalisiert man eine solch gefährliche Droge, obwohl sonst die Schutzverpflichtung des Staates gegenüber der Jugend allgemein akzeptiert wird? Weil ihr „Genuss" Spaß macht?

Raus aus der Grauzone - was oft als Argument pro genannt wird? Die Niederlande haben andere Erfahrungen.

Mehr Konsum, mehr Leid

Der Konsum wird unzweifelhaft ansteigen und das Leid und Leiden der Geschädigten und ihrer Familien wird wachsen. Und wenn jetzt noch das Wahlalter auf 16 abgesenkt würde – wie Herr Steinmeier empfiehlt – würden die nun volljährigen und deshalb „berechtigten" Cannabis-Konsumenten noch jünger, die gesundheitlichen Probleme in gleichem Maße wachsen.

Seit dem 24. März 2024 ist die Cannabislegalisierung nun Realität, gegen die Warnungen von vielen gesellschaftlichen Gruppen und großen Teilen der Politik.

„Die Bundesregierung sendet ein fatales Signal aus Berlin. Entgegen den Widerständen aller Justiz- und Innenminister der Länder wurde die Legalisierung vorangetrieben."[13]

Wer wird die Schäden verantworten?

Demokratiefördergesetz oder
Wes Brot ich ess', des Lied ich sing?

*War es nicht erst gestern, in der Bonner Republik, dass **Erziehung zur Staatskritik** oberstes Lernziel in jedem Lehrplan war?*

---

[13] Cannabis-Gesetz: „Gefahr für die Gesundheit junger Menschen" (msn.com)

Im geplanten *Demokratiefördergesetz* der Berliner Republik sollen nun Institutionen, Vereine, Organisationen der Zivilgesellschaft finanziell unterstützt werden; jene wertvollen, die die Auffassungen des „Staates" vertreten, seine Linie teilen und nicht „rechts" sind[14].

Die Zivilgesellschaft, deren staatstragende Elemente nun finanzielle Zuwendungen erhalten sollen – sollten sie nicht eigentlich auf den Staat aufpassen, dass er nicht wieder übermächtig wird, so die Aufgabe seit der Aufklärung.

Ob jemand, der auf der Finanzunterstützungsliste steht, noch an dieser Kritik interessiert ist? Vielleicht ist das geplante neue Gesetz aber auch nicht grundgesetzkonform, so vermutet die CDU[15]. Und auch FDP-Politiker äußern laut TAZ Bedenken, die „Meinungsfreiheit nicht zu schleifen".

Man wird sehen …

„Demokratie (…) weitestgehend abgeschafft"[16]?

Aus dem unerschrockenen Lese-Land: Ullrich Mies[17]

---

[14] Nach Bonner Auffassung war rechts noch kein Schimpfwort, sondern ein Begriff, der konservative, bewahrende politische Auffassungen kennzeichnete. Man unterschied peinlich genau zwischen rechts und rechtsradikal oder rechtsextremistisch, auch zwischen links und linksextrem.

[15] DTS-Nachrichtenagentur am 5.3.2024: Union zweifelt an Verfassungsmäßigkeit von „Demokratiefördergesetz"

[16] Mies, U., Das 1x1 des Staatsterrors. Der neue Faschismus der keiner sein will, Klarsicht-Verlag, 2. Korrigierte Aufl. 2023, Klappentext.

[17] Siehe vorstehende Fußnote.

Er ist ein scharfer Kritiker der heutigen bundesrepublikanischen Gesellschaft, der Spiegel-Bestseller-Autor. Er soll ein Unterstützer einer Querfrontstrategie zwischen links und rechts[18] sein. Seit 1990 lebt er in den Niederlanden. Mit Jens Wernicke veröffentlichte er 2017 Fassadendemokratie und tiefer Staat. Auf dem Weg in ein autoritäres Zeitalter. Den Autoritarismus-Vorwurf kennen wir in Gegenrichtung auch aus westlichen Gesellschaften; er zielt vor allem auf Staaten wie Russland.

Aus dem Klappentext von Das 1x1 des Staatsterrors (2023)

„Es geschieht vor unseren Augen, doch viele sehen es nicht. Die Demokratie ist weitestgehend abgeschafft, aber die meisten Menschen scheinen blind dafür zu sein. Hausdurchsuchungen, Kontensperrungen, Überwachungskameras überall, Zensur, politische Justiz. Das Ganze entstammt keinem dystopischen Film, sondern ist unsere Realität. …

Viele glauben, der Faschismus sei eine Angelegenheit der Geschichte. Völlig klar ist jedoch, dass der Faschismus nie wieder im alten Gewand auftreten würde. …

Der Neue Faschismus, der keiner sein will, tritt als globales Projekt in die Welt, als transnationaler biopolitischer Sicherheitsstaat, Stakeholder-Kapitalismus und Global Governance. Er bedient sich massiver Propaganda, moderner Technologien und raffinierter psychologischer Operationen.

Die Eliten, korrupte Wissenschaftler und manipulative Medien ziehen alle am selben Strang. … getarnt als Retter (suchen sie) tatsächlich nur ihre eigene Macht und ihren eigenen Profit …"

Verschwörungserzählung oder Augenöffner? Rechte oder linke Kritik? Fakt oder Fake?

---

[18] https://de.wikipedia.org/wiki/Ullrich_Mies

Wer will schon kein Demokrat sein? Demokratie ist eine weithin akzeptierte Staats- und Gesellschaftsform, nur wird und wurde sehr Unterschiedliches darunter verstanden.

Diktaturen gab es schon in der römischen, Tyrannen in der griechischen Antike, meist dann, wenn ein innerer oder äußerer Notstand dies gebot. Das Intermezzo war allerdings begrenzt, nach einem halben Jahr war es beendet und man kehrte zur Republik oder Demokratie zurück – wenn dies denn gelang.

Diktatoren und Tyrannen, haben sie erst einmal die Macht erlangt, kann man nicht ganz so leicht wieder loswerden. Zwölf Jahre oder siebzig oder noch viel länger?

Denker, Wissenschaftler, Philosophen, Staatsrechtler, sie alle haben Jahrhunderte über das beste oder schlechteste Staatswesen nachgedacht. Die Konzepte auch nur ansatzweise zu erläutern, würde den Rahmen dieses Buches sprengen. Aus den Begrifflichkeiten[20] und Stichworten wird man trotzdem die eine oder andere Erkenntnis ableiten können.

Demokratien
direkte (nur in kleinen Staatswesen möglich)

repräsentative, parlamentarische Parteiendemokratie (mehrere unterschiedliche Parteien werben um Wählerstimmen)

Volksdemokratie (Mehrparteiensysteme in Ostmitteleuropa unter sowjetischem Einfluss, als Übergangsetappe zwischen

---

[19] Siehe im Folgenden ähnlich Duden, Politik und Gesellschaft, a.a.O., 2005.
[20] die keinerlei Ansprüche auf Vollständigkeit erheben

Kapitalismus und Sozialismus, 1947 aufgehoben; SED, sozialistische Einheitspartei Deutschlands; siehe Diktatur des Proletariats)

Diktaturen
Notstandsdiktatur (Aufhebung von Freiheitsrechten aufgrund eines inneren oder äußeren Notstands)

Entwicklungsdiktatur (Aufhebung der individuellen Freiheitsrechte für die Entwicklung; in Entwicklungsländern)

Militärdiktatur

Erziehungsdiktatur (Ziel ist Umgestaltung der gesellschaftlichen Verhältnisse und der Anschauungen der Bürger)

Diktatur des Proletariats (nach der Lehre des Marxismus-Leninismus die Herrschaft der organisierten Arbeiterklasse in der Übergangsphase zur klassenlosen Gesellschaft)

Ökodiktatur[21]

Demonstrieren?

Alle Deutschen haben das grundsätzliche Recht, sich *„ohne Anmeldung oder Erlaubnis friedlich und ohne Waffen zu versammeln" (Art. 8 GG).*

---

[21] ein neuerer Begriff; z.B. Pötter, B., Ausweg Ökodiktatur? Wie unsere Demokratie an der Umweltkrise scheitert, oekom verlag, München 2010; Fleck, D.C., Go! Die Ökodiktatur: Erst die Erde, dann der Mensch, 2013.

Gegen die geplante allgemeine Impfpflicht bei Corona gingen Zehntausende auf die Straßen. Wieder gespalten ist Deutschland hinsichtlich der Lieferung von immer schwereren Waffen, jetzt des Taurus-Marschflugkörpers in die Ukraine. Schafft man Frieden durch sie?

In Frankfurt versammeln sich jeden Samstagnachmittag die Menschen, die gegenteiliger Meinung sind.

Sind das allesamt böse Querdenker/ Querulanten oder aufrechte Demokraten?

„Deutschland gehört auf die Couch!"

Diese Diagnose attestierten Hans-Olaf Henkel[22] und Joachim Starbatty[23] 2016 der deutschen Gesellschaft unter Angela Merkel. Der Untertitel des Buches lautete: Warum Angela Merkel die Welt rettet und unser Land ruiniert.

16 Jahre war die CDU-Bundeskanzlerin an der Macht, sie hinterließ ein strukturell verändertes Land. Die „Alternativlosigkeit" aufgrund „wissenschaftlicher" Erkenntnisse, die nicht mehr zu hinterfragen sind, hinterfragt werden können – so ließe sich die wohl bedeutendste Transformation der politischen Landschaft mit und nach ihr zusammenfassen.

Mit eindeutigen, unwiderlegbaren Erkenntnissen der Wissenschaft zieht naturgemäß die Elite[24], die im Besitz der Wahrheit Stehenden, unweigerlich herauf. Dort die irrationalen, eher dummen Schafe, das Staatsvolk, hier die alles Besserwissenden.

---

[22] Von Anfang 1995 bis Ende 2000 war er Präsident des Bundesverbandes der Deutschen Industrie (BDI), von 2001 bis 2005 Präsident der Leibniz-Gemeinschaft. Von 2001 bis 2012 lehrte Henkel als Honorarprofessor an der Universität Mannheim.

[23] Autor mehrerer bekannter Bücher zu Wirtschaft und Gesellschaft.

[24] Lateinisch, die Auserwählten

Die DDR, einer unserer Vorgängerstaaten, fußte auf dem „wissenschaftlichen Sozialismus"; das hieraus abgeleitete Motto las sich als „Die Partei hat immer recht!" 2024 lautet die Diagnose für die deutsche Gesellschaft in einem Artikel der Neuen Züricher Zeitung „passiv-aggressiv" – eine psychische Störung. Der Titel des Artikels von Alexander Grau:

„Jeder sitzt in seiner Blase und ist gekränkt, weil es auch noch andere Meinungen gibt: willkommen in der passiv aggressiven Gesellschaft"[25]

Aus dem Artikel

„Zu Reizthemen wie Migration, Ukraine, Klima oder Populismus ist ein vernünftiger und besonnener Austausch zwischen verschiedenen Meinungsmilieus kaum noch möglich. …

Doch nicht nur die Art zu kommunizieren, auch das politische Handeln selbst kommt, wie etwa der Umgang der deutschen Bundesregierung mit dem Heizungsgesetz, dem Atomausstieg oder der AfD zeigt, zunehmend verstockt und autoritär daher. Die Verbotskultur einer Nancy Faeser ist der besonders unangenehme Ausdruck dieses verklemmten und selbstgerechten Politikstils. …

Spätestens seit Corona ist man zunehmend dazu übergegangen, Kritiker der offiziellen Politik entweder gar nicht zu Wort kommen zu lassen oder von vornherein so zu kontextualisieren, dass klar ist, was man von ihnen zu halten hat – ein klassisches passiv aggressives Verhaltensmuster. …

(.) es handelt sich um ein Weltbild, das den Diskursunwillen zur eigenen Grundlage erhoben hat. Konstituierend ist dabei die Überzeugung, der alleinigen Wahrheit zum politischen Recht zu verhelfen.

---

[25] https://www.msn.com/de-de/finanzen/top-stories/jeder-sitzt-in-seiner-blase-und-ist-gekr%C3%A4nkt-weil-es-auch-noch-andere-meinungen-gibt-willkommen-in-der-passiv-aggressiven-gesellschaft/ar-AA1oit3Y?rc=1&ocid=winp1taskbar&cvid=e4137339259c4bf5f29a0d974e277665&ei=13

Politik wird nicht als ein Prozess aufgefasst, in dessen Verlauf verschiedene Interessen, Motive, Überzeugungen oder Weltbilder moderiert und aufeinander abgestimmt werden, sondern als Projekt zur Durchsetzung des Wahren. Für diese Ideologie hat Kommunikation allenfalls noch strategischen Wert. ...

Insbesondere im sich aufgeklärt wähnenden links-liberalen Politmilieu wird Politik nicht mehr als Feld der Diskussion, der Debatte und der demokratischen Entscheidungsfindung gesehen, sondern als eine Art wissenschaftliches Verfahren. ...

Der passiv aggressive Stil, der zunehmend unsere Politik bestimmt, ist hingegen das Ergebnis der absurden Annahme, es gebe so etwas wie wissenschaftlich oder sogar moralisch objektiv richtige Entscheidungen."

Deutschland auf die Couch?

oder

den neuen/alten Wahrheiten eine Gasse?

Deutschland im Modus Kehrtwende

Salto mortale rückwärts und Salto mortale vorwärts?

Kennen Sie sich auch nicht mehr aus, schütteln jeden Tag mindestens zwei Mal den Kopf und denken „Häh, ist das denn nun der Fortschritt"?

Siebzig Jahre Pazifismus und dann so viel Begeisterung für den Militarismus?

Sieben Jahrzehnte – ok, vielleicht auch nur fünf – Erziehung zum kritischen mündigen Staatsbürger und dann: Alternativlosigkeit! Wir! Konsens! Kollektiv statt Individuum?

Und bei jedem neuen Konflikt?

Schon einige Jahre ist es zu beobachten – wer heute noch Freund, kann morgen schon ein Feind sein.

Wir wechseln in immer kürzeren Abständen unsere Überzeugungen, wie das Hemd ...

Würde man sich – auch in schwierigen Zeiten – nicht ein bisschen mehr Ausgeglichenheit, gesunden Menschenverstand, moderate Haltung gegenüber allen Seiten, zuverlässige Ethik, weniger Extremismus, weniger Moralkeule und mehr Sachverstand wünschen?

Deutungshoheit statt Diskurs, Bevormundung statt Mündigkeit

Zeitlich begrenzte Macht[26]

Wenn die Macht in einem Staate – zumindest auch – über Wahlen vergeben wird[27], sind Anordnungen, Verfügungen, Gesetze nicht ewig, sondern nach der nächsten Wahl veränderbar. Während die Diktatur auf Zustimmung viel weniger angewiesen ist und vor allem auf Befehl und Gehorsam setzt[28], müssen die nach Macht Strebenden in einer repräsentativen Demokratie zu anderen Hilfsmitteln greifen: Sie ziehen unterschiedliche Register der Beeinflussung, bedienen sich des Instrumentariums der Manipulation. Dank der Forschungsergebnisse der Psychologie sind diese vielfältig und leider auch äußerst effizient.

---

[26] Die beste Erfindung der Menschheitsgeschichte!

[27] Es gibt heute auch sehr mächtige, **nicht gewählte** Organisationen, die mit sehr weitreichenden Befugnissen ausgestattet sind/wurden, zum Beispiel die *WHO* (Weltgesundheitsorganisation), die im geplanten Pandemie-Vertrag noch mehr Entscheidungsrechte bekommen soll, oder außerordentlichem Einfluss, beispielsweise der *WEF* (das Weltwirtschaftsforum). Auch die Europäische Union hat ein sogenanntes „Demokratiedefizit", weil das von den EU-Bürgern gewählte Parlament geringen Einfluss auf die Gesetzgebung der EU hat.

[28] Lenin: „Nichts ist so nützlich wie eine Diktatur."

Diskurs: Die bessere Idee gewinnt

Setzten früher nicht die Regierung, die Parteien, der Staat **auf Überzeugung** durch die besseren Argumente in einem alle gesellschaftlichen Gruppen umfassenden freien, offenen und ehrlichen **Diskurs**? Heute wird **Nudging** (übersetzt: in die „richtige" Richtung schubsen) ganz offiziell zur Beeinflussung des – dummen? erziehungsbedürftigen? – Bürgers angewandt[29].

Neue Begriffe und Strategien purzeln nur so aus der Manipulations-Wundertüte. Oder ist es eher die Dose der Pandora, die sich geöffnet hat?

Nudging

„Nudges sind Eingriffe in die Entscheidungsarchitektur – also die sprachliche, physische, emotionale und soziale Umgebung, in der eine Entscheidung getroffen wird – die das Ziel haben, Menschen in eine bestimmte Richtung zu lenken und ihr Verhalten in vorhersagbarer Weise zu verändern."[30]

Ursprünglich aus der Ökonomie stammend, hat das Konzept unzählige Follower gefunden, die Nudges zur **Erziehung des Bürgers** einsetzen.

„So gibt es im **deutschen Kanzleramt** die Gruppe „wirksam regieren", die für verschiedene Politikbereiche auf Grundlage verhaltens- und kommunikationswissenschaftlicher Erkenntnisse Maßnahmen entwickelt, die die erfolgreiche Umsetzung politischer Vorhaben unterstützen sollen."[31]

Frau Merkel war übrigens eine Anhängerin von Nudging.

---

[29] Das Bild von der abgehobenen, selbsternannten Elite, die alles besser weiß, drängt sich auf.

[30] https://www.die-debatte.org/nudging-was-steckt-hinter-begriff-nudging/

[31] Ebda.

Framing
Informationen werden in einen bestimmten Kontext, einen Rahmen (frame) eingebettet.

„Wenn bestimmte Formulierungen gezielt die Wahrnehmung eines Inhaltes beeinflussen, wird das eigene Denken absichtlich durch einen Rahmen begrenzt: Framing."[32]

Haltungsjournalismus
Medien heute wollen uns nicht mehr (nur) informieren, sondern uns, so ihr Bekenntnis, zur richtigen Haltung erziehen, z.B. durch *Framing*, durch *aufrührend-emotionale Bilder* i.S.v. *anekdotischer Evidenz* (Einzelfälle, die der Leser/Zuschauer dann verallgemeinert), durch *Wiederholung* von beunruhigenden Nachrichten auf allen Kommunikationskanälen[33]. Die angekündigten *Permakrisen* schaffen ein Gefühl immerwährender Bedrohung. Hierzu wird auch die Sprache verändert. Man solle nicht mehr Klima*wandel*, sondern Klima*krise* sagen, weil ersteres zu sanft und natürlich klinge, Klima*skeptiker* seien in Zukunft Klima*leugner* zu nennen, lässt sich die ARD vernehmen.[34]
Keine gute Entwicklung, oder?

Je weniger die Leute darüber wissen,
wie Würste und Gesetze gemacht werden,
desto besser schlafen sie.
Otto von Bismarck (1815 – 1898)[35]

---

[32] https://www.geo.de/wissen/framing-effekt--wenn-das-denken-manipuliert-wird-31778578.html
[33] Erinnern Sie sich noch an die Corona-Zeit?
[34] https://www.tagesspiegel.de/gesellschaft/medien/krise-statt-wandel-leugner-statt-skeptiker-monitor-veroffentlicht-lexikon-gegen-verharmlosende-klimasprache-10274203.html

[35] Schwarzer Humor, Edition XXL 2010, S. 122.

Grundprinzip aller vernünftigen Wissenschaft, so glaubten die meisten von uns wohl bis vor einigen Jahren, ist der Dissens: die Auseinandersetzung um den richtigen Weg, die Wahrheitssuche, der schrittweise Fortschritt in den Problemlösungen und das ununterbrochene – und erwünschte – Hinterfragen.

Dass dies im real-existierenden Sozialismus des Ostblocks ganz anders gesehen wurde *(Die Partei hat immer recht,* sie hat ein Wahrheitsmonopol, dem niemand widersprechen darf und welches sie mit allen Mitteln durchsetzt.) war uns bekannt, wir wiesen es als Gesellschaftsmodell weit von uns.

Das Aufkommen „der" Wissenschaft in den bundesdeutschen Medien, das in den letzten zwei Jahrzehnten immer üblicher geworden ist und sicherlich in der Corona-Krise einen Höhepunkt erreichte, hat wohl so manchen von uns Älteren, die in der Bonner Republik sozialisiert worden sind, verblüfft, wenn nicht gar entsetzt.

In der Medizin – dem Wissenschaftsgebiet, in dem es buchstäblich um Leben und Tod geht – ist ein Abweichen von den Prinzipien des Dissenses besonders schwerwiegend. Und, wie man kürzlich lesen konnte, fallen unisono-Auslassungen aus „der" Wissenschaft nicht selten unter das alte Sprichwort „Wes Brot ich ess, des Lied ich sing!"[36] Wenn man dann noch bedenkt, dass die Drittmitteleinwerbung privater Sponsoren-Gelder durch Forschungseinrichtungen üblich ist und Forschungsstudien immer mehr durch die Industrie als durch staatliche Ein-

---

[36] Deutschlands verschwiegene Ärzteschaft (msn.com)

richtungen finanziert werden,[37] muss man sich zwar um die Freiheit der Wissenschaft sorgen, aber kaum noch über „die" Wissenschaft wundern.

Digitale Identität - ja bitte oder nein, danke?

„Am Abfertigungsschalter des Flughafens hatte sich eine lange Schlange gebildet. Der Mann vor mir war nun an der Reihe. Der Schalterbeamte trat auf ihn zu, der Scanner in seiner Hand fuhr einen Augenblick über der Stirn des Mannes hin und her, er schaute auf sein mobiles Endgerät, wiederholte die Stirnmessung. Er verzog ein wenig das Gesicht, dann deutete er auf den rot gekennzeichneten Ausgang in einigen Metern Entfernung. Ob ich den grünen Ausgang schaffen würde?"

Fiktion oder Realität?
Was in dieser kurzen Szene wie eine zukünftige Schreckensvision daherkommt – daran wird geforscht, das könnte in einigen Jahren Realität werden: eine digitale Identität jedes Erdenbürgers, implantiert als Chip unter der Haut.

Gesundheitsprobleme und -risiken, Interessen, Kontakte, berufliche Wechsel, Vorstrafen, ideologische Unzuverlässigkeit – alles auszulesen in einem Augenblick.

Einwanderung, Einstellungen bei Arbeitgebern, Bewerbungen, selbst Partnerwahl und Kontakte – sämtlich ohne Geheimnis, ohne Intimsphäre, ohne Privatheit.

---

[37]https://www.arzneimitteltherapie.de/heftarchiv/2007/03/medizinische-forschung-zunehmend-von-industrie-finanziert.html

Der gläserne Mensch – welch eine Horrorvision!

Digitalisierung an Schulen – und die Folgen

Die erfahrenen alten Lehrer haben es immer gewusst …

Fast amtlich
Nun ist es also (fast) amtlich; das renommierte Stockholmer Karolinska Institut stellt fest,
„dass die Digitalisierung der Schulen große, negative Auswirkungen auf den Wissenserwerb der Schüler hat.“[38]

- Das Leseverständnis wird behindert.
- Das Arbeitsgedächtnis kann sich Informationen schlechter merken
- Der Wissenserwerb dauert länger.
- Der Schüler wird abgelenkt, seine Leseentwicklung um zwei! Jahre verzögert.

Als vor knapp zwei Jahrzehnten in Deutschland die Rolle des Lehrers dahingehend „entwickelt" wurde, dass er zunehmend nur noch als Moderator für den selbständigen Wissenserwerb der Schüler fungieren sollte, wurde da ein Irrweg beschritten?
Länder, „die viel selbst erforschenden Unterricht einsetzen, (schneiden) bei PISA deutlich schlechter ab. Es gehe nicht nur wertvolle Zeit verloren, sondern die Schüler gäben auch dem schnellen Abrufen von Informationen Vorrang vor einer tiefgreifenden Analyse, was wiederum zu oberflächlichem Wissen führe."[39]

---

[38] FAZ 11. Juli 2023. S. 8
[39] Ebda.

Also war der Lehrer alten Typs, der seine Schüler für das unterrichtete Fach durch Fachwissen und methodische Vielfalt zu begeistern wusste, doch nicht so schlecht? Fünfunddreißig, manchmal achtunddreißig Schüler aller Schulzweige! hörten ihren Lehrern zu – was nur möglich ist, wenn man still ist. Disziplin war positiv als Regelbeachtung besetzt, Erziehung hatte noch etwas mit Ziehen zu tun. Wie sieht die Realität in unseren Schulen heute aus? Man hört so einiges.

Das Karolinska Institut schreibt:
„Wir sind der Meinung, dass der Schwerpunkt wieder auf den Wissenserwerb über gedruckte Schulbücher und das Fachwissen des Lehrers gelegt werden sollte, anstatt das Wissen in erster Linie auf frei zugänglichen digitalen Quellen zu erwerben, die nicht auf ihre Richtigkeit überprüft wurden."[40]

Hätte man doch mal die alten Fachleute gefragt, das wäre hilfreich gewesen …

Wissen's,
mein Lehrer hat überhaupt nichts gewusst.
Immer
hat er mich gefragt,
aber alles
hab' ich ihm auch nicht sagen wollen.
Karl Valentin (1882 – 1948)[41]

---

[40] Ebda.
[41] Schweiggert, A., Karl Valentin und die Politik, Verlag Sankt Michaelsbund 2011, S. 17.

Digitalisierung des Unterrichts in der Grundschule abbrechen?

Die Anton-App, ein breit verwendetes Tool in der Digitalisierung des Schulunterrichts

Was semantisch so freundlich-lustig daherkommt, ist eine Lern-App für den Schulunterricht für die Klassenstufen 1 bis zum Abitur. Ihr Einsatz, vor allem an Grundschulen oder bis zur Klasse 6, könnte sich als einer der vielen Fehler erweisen, die die Pädagogik der letzten Jahrzehnte zu einem Sammelbecken von katastrophalen Fehlschlägen gemacht haben. Die Mengenlehre, die Ganzwortmethode, das Schreiben nach Gehör – fallen uns sofort ein.

Und nun die anschwellende Digitalisierungswelle, auch von Kita und Primarschule, durch den Digitalpakt. Während andere Länder unter dem Eindruck von Studien wie denen des schwedischen Karolinska-Instituts von 2023, das der frühen Digitalisierung des Lernens ein verheerendes Zeugnis ausgestellt hat, längst zurückrudern, fühlen sich die deutschen Politiker anscheinend verpflichtet, die Digitalisierung auch in Kitas, Kindergärten und Grundschulen voranzubringen.

- Kurzsichtigkeit
- Haltungsschäden
- wachsende Aggressionen
- Depressionen
- Sucht
- Rückzug ins Haus
- Verlust der Spielfreude –

so what? Augen zu und durch? Neu gleich gut?

Müssen, können, sollen Viertklässler nach der Grundschule fit für die Arbeit als Programmierer sein?

Vierzig Wissenschaftler fordern nun ein Moratorium für die Digitalisierung an Schulen und Kitas.[42]

„Die wissenschaftliche Erkenntnis ist inzwischen, dass Unterricht mit Tablets und Laptops die Kinder bis zur 6.Klasse nicht schlauer, sondern dümmer macht. Hinzu kommen laut Studien negative gesundheitliche, psychische und soziale Wirkungen durch den vermehrten Einsatz digitaler Geräte im Unterricht. Jetzt ist der Zeitpunkt, dass die Schulpolitik auf die Pädagogen und Kinderärzte dieses Landes hört und den Versuch des digitalen Unterrichts abbricht!"

Goethe, Grundschule, Gamification

Die Neugier macht uns zu Menschen – wie Goethes Faust, dem Doktor, der genau wissen wollte, „was die Welt im Innersten zusammenhält".

Wissen wollen, hinter die Dinge schauen, Neugier, ist dem Menschen angeboren. Kinder verfügen über „intrinsische" innere Motivation, ihre (Um)Welt zu erkunden.

Was bitte, hat da die „Gamification" in der Grundschule oder gar der Kita zu suchen?

„Zusammengefasst heißt Gamifizierung also, dass man durch einen Mix aus Spielelementen, -dynamiken und Belohnungen Anreize schafft, unliebsame Aufgaben zu erledigen ..."[43]

---

[42] https://die-pädagogische-wende.de/pressemitteilung-40-wissenschaftlerinnen-fordern-moratoium-der-digitalisierung-an-schulen-und-kitas

[43] google search

„Bei »Anton«[44] können mit den gesammelten Münzen altersgerechte Spiele freigeschaltet werden. Das setze zusätzliche Anreize, um die App zu öffnen und am Ball zu bleiben, heißt es auf der Website der Berliner Landesinitiative »Projekt Zukunft«. In den Ohren einiger Expert*innen klingt darin die frühe Förderung einer Mediensucht heraus. Karolina Kaczmarczyk von der Fachstelle für Jugendmedienkultur NRW fasst es in einer früheren Veröffentlichung so zusammen: Gamification sei ein Trick, eine Art der Manipulation, aber sicher kein Allheilmittel in der Bildung. ..."[45]

Wohl eher gefährlich!

Man schaue nur auf die erwachsenen Smombies, die immer und überall am Smartphone hängen ...

Dilettanti – avanti?

Give me that old time religion ...

Kaskaden neuer Gesetze und Bestimmungen – unsere Ampler scheinen sehr fleißig zu sein. Aber: Der größte Feind der Qualität ist die Eile, wusste schon Henry Ford.

Nicht EU-konform?

Ob die Cannabislegalisierung EU-konform ist, gilt seit 2022 als umstritten.

„Mit der geplanten Teillegalisierung von Cannabis prescht Deutschland in Europa vor. In einigen Ländern wird der Konsum zwar

---

[44] Einer digitalisierten Lern-App von Klasse 1 bis zum Abitur.
[45] https://www.stadtrevue.de/artikel-archiv/artikelarchiv/07417-die-gamification-der-bildung/

geduldet, doch eine europaweite Legalisierung bleibt umstritten. ... Wenn Deutschland Cannabis nun tatsächlich so legalisieren sollte, wie Gesundheitsminister Lauterbach das vorhat, dann wäre das in der EU der bisher am weitesten gehende Schritt. Ob Brüssel auch da wieder einfach zuschauen wird, ist deshalb fraglich. Bisher heißt es aus der Kommission nur: Man werde sich die Pläne genau anschauen. Das dann immerhin doch."[46]

Nicht Grundgesetz-konform?
Das Krankenhausreformgesetz von Lauterbach
Im Jahr 2023 gab es von Seiten der CDU, aber auch von Juristen viele Einwände gegen das Reformgesetz.
Man hielt das Gesetz für nicht grundgesetzkonform.[47] Aus dem Bundesministerium verlautet mittlerweile, das Gesetz solle nun aber im März 2024 verabschiedet werden.

EU-weites Verbot?
Die Kältemittel in Wärmepumpen, sind sie weit klimaschädlicher als CO_2 – und stehen deshalb EU-weit vor einem Verbot?
„Zum Schutz der Umwelt hat die EU nun ein ab 2027 in Kraft tretendes Verbot bestimmter Kältemittel durchgesetzt. Hersteller von Wärmepumpen könnte der Beschluss allerdings vor große Herausforderungen stellen."[48]

Sind die neuen Gesetze denn überhaupt nötig, sind sie sinnvoll? War vorher alles so schlecht? Wie heißt es in dem Spiritual?

---

[46] So kennzeichnet die Tagesschau noch am 16.8.2023 das Projekt als umstritten : https://www.tagesschau.de/ausland/europa/cannabis-legalisierung-europa-100.html

[47] https://www.spiegel.de/politik/deutschland/krankenhausreform-von-karl-lauterbach-ist-laut-rechtsgutachten-verfassungswidrig-a-63708fc2-674f-46cc-a498-9de40bdac118

[48] https://www.computerbild.de/artikel/cb-Haus-Garten-Energie-Kaeltemittel-fuer-Waermepumpen-ab-2027-verboten-36852797.html

Give me that old time religion
Give me that old time religion
Give me that old time religion
it's good enough for me.

Dislikes abgeschafft? Affirmation only?

*Als YouTube 2021 den Anfang machte und die Dislike-Funktion ausschaltete, ließ sich die **veröffentlichte Meinung** positiv vernehmen. Fortschritt, die **Hate**-Funktion ist abgeschafft![49]*

Vor einiger Zeit verschwand die Dislike-Funktion bei einer ganzen Reihe von Online-Artikeln. Für die *Nutzung des Internets als Stimmungsbarometer* **der öffentlichen Meinung** ist der Wegfall ein Verlust, für die Leser ebenso wie für die Verfasser. Denn die Dokumentation der Zustimmung oder Ablehnung entfällt, die veröffentlichte Meinung wird weniger wahrgenommen, beurteilt und abgeurteilt, bekommt stattdessen lediglich ein paar stets bestätigende Likes.

Affirmation only?
Erziehung, alle Kommunikation sollte darauf angelegt sein, Verhalten, Auffassungen, Haltungen zu prüfen und Feedback zu geben. Wer keine Kritik mehr hört oder hören will, läuft zielsicher in die Irre. Lob **und** Tadel – das war und ist der erfolgreichere Weg, wenn man die besten Lösungen noch finden will.

---

[49]https://www.google.com/search?client=firefox-b-d&q=youtube+dislike+nutzer

Die Römer und später die vielen Machtbesessenen der Geschichte folgten dieser Aufforderung. Mit Erfolg.

Strategie

Man spalte Gruppen, die Bevölkerung, hetze sie gegeneinander (auf), schaue ihren Auseinandersetzungen zu und freue sich. Mission erledigt, Gegner matt, vorherige gemeinsame Interessen vom Tisch, Herrschaft gerettet! Die so oft beschworene Spaltung der Gesellschaft – kommt sie den zahlreichen Machthungrigen gerade recht?

Was oder Wer?

In der Frage der Waffenlieferungsspirale sind sich beispielsweise Teile der Linken und der Rechten einig. Was sie sagen, ist in weiten Teilen gleich. Der Linken ist es aber nicht egal, wer das gleiche sagt, aus Furcht vor dem „falschen" Beifall.

Ergo hatten sie Angst, dass bei ihrer Demonstration am 25.2.2023 für den Stopp der Waffenlieferungen in die Ukraine, dem Ruf nach einem sofortigen Waffenstillstand und der Aufnahme von Verhandlungen AFD-Sympathisanten in Berlin mitmarschieren würden.

Klug für den Erfolg des Anliegens ist das nicht, fand, so hörte man, der Fuchs Lafontaine in Kenntnis des alten Spruchs und versuchte, seine Sahra zurückzupfeifen ...

Gemeinsames Ziel auf Zeit?

Ein Blick in die Geschichte: Der innere Widerstand gegen das Dritte Reich wurde von völlig unterschiedlichen Gruppen getragen: Konservativen, Adelskreisen, Sozialisten, Kommunisten, Christen. Sie ließen sich nicht auseinanderdividieren, sie hatten ein gemeinsames Ziel.

Dreizehn-Maßnahmen-Paket gegen Rechtsextremismus – Schlägt's jetzt dreizehn?[50]

*Unsere Innenministerin, Nancy Faeser, hat nach ihrem gescheiterten Vorschlag zur **Beweislastumkehr bei Clan-Mitgliedern und Beamten** und dem bereits so gehandhabten Grundsatz, antisemitische Delikte „im Zweifel rechts" zuzuschlagen, neue Gestaltungsvorschläge für unsere Demokratie in ihrem 13-Maßnahmen-Paket gegen **Rechts**extremismus vorgelegt.*

Dazu gibt es viele Stimmen:

Gastbeitrag von Susanne Schröter - In Wahrheit verfolgt Faesers „Anti-AfD-Gesetz" eine links-grüne Agenda
Artikel von **FOCUS-online**-Gastautorin Susanne Schröter am 21.2.2024

*„Obwohl es heißt, man wolle die Resilienz der Demokratie stärken, ist **offenkundig**, dass es insgesamt weniger um eine Rückgewinnung der Abtrünnigen durch Überzeugung gehen soll als um **Repression**."*

Telepolis titelt am 16.Februar 2024:

Wehrhafte Demokratie oder Überwachungsstaat: Wohin steuert die Republik? (msn.com)

Die NZZ schreibt über die **neue deutsche Herrschaft des Verdachts**
https://www.nzz.ch/der-andere-blick/nancy-faeserund-die-neue-deutsche-herrsc haft-des-verdachts-ld.1814009

---

[50] Hervorhebungen im folgenden Beitrag vom Autor.

Ein Blick in den Regierungstext selbst: [51] [52]

Wann der Verfassungsschutz ab jetzt aktiv werden kann oder soll …

*„Die zu hohe Hürde des Verhetzungs- und Gewaltbezugs für Aktivitäten des Verfassungsschutzes in & 8a BVerfSchG soll durch einen auf das **Gefährdungspotential** abstellenden Ansatz ersetzt werden."*

Warum Inhalte im Internet zukünftig gelöscht werden können oder sollen …

*„entsprechende Inhalte durch das BKA bei den Providern zur Löschung angeregt. Dort, wo es die gesetzlichen Regelungen ermöglichen, werden darüber hinaus durch **Entfernungs**anordnungen die Grundlagen für eine **zwangsweise Durchsetzung etwaiger Löschungen** geschaffen."*

Für welche Kriminalität sich das BKA nun aufgestellt hat …

*„Das BKA hat die Bekämpfungsstrategien und -instrumente im Bereich „Politisch motivierte Kriminalität – **rechts**" in den letzten Jahren weiterentwickelt und sich personell und organisatorisch entsprechend aufgestellt."*

Was sich für die Beamten ändert …

*„Um eine deutliche Beschleunigung der Verfahren zu erreichen, werden künftig **alle Disziplinarmaßnahmen**, einschließlich der statusrechtlichen **Entfernungen** und andere **statusrelevante Disziplinarmaßnahmen**, durch **Disziplinarverfügung** ausgesprochen.*

---

[51] Zitate jeweils in Anführungszeichen und kursiv.
[52] https://www.bundesregierung.de/breg-de/suche/massnahmenpaket-gegen-rechtsextremismus-2259614

Das langwierige Disziplinarklageverfahren, mit dem der Dienstherr statusrelevante Disziplinarmaßnahmen vor Gericht beantragen musste, entfällt. ... *Eingeführt wird zudem ein Regelbeispiel für ein schweres Dienstvergehen bei einer Mitgliedschaft in einer vom Bundesverfassungsgericht für verfassungswidrig erklärten Partei oder einer unanfechtbar verbotenen Vereinigung oder einer* **Ersatzorganisation** *einer solchen Partei oder Vereinigung.*

Was politische Beamte über den (einstweiligen) Ruhestand hinaus zu beachten haben ...

„Weiterhin wird der Pflichtenkreis für politische Beamtinnen und Beamte dahingehend erweitert, dass sich diese auch während des einstweiligen Ruhestands durch ihr gesamtes Verhalten zu der freiheitlichen demokratischen Grundordnung im Sinne des Grundgesetzes bekennen müssen."

Was in Zukunft noch vom Innenministerium und dem ihm nachgeordneten und Weisungs-gebundenen Verfassungsschutz zu erwarten ist ...

„Nächste Schritte:
• Die Reform des Bundesdisziplinarrechtes wird zum 1. April 2024 in Kraft treten und muss dann konsequent angewendet werden.
• Der nächste Lagebericht wird den Phänomenbereich der **verfassungsschutzrelevanten Delegitimierung des Staates** *mit einbeziehen. Seine Veröffentlichung ist für das zweite Quartal 2024 geplant.*
Weitere **Verbotsmaßnahmen** *mit möglichst empfindlicher Wirkung auf die* **rechts***extremistische Szene werden fortlaufend geprüft."*
Eine Definition, was

- ein Verfassungsfeind?
- Gefährdungspotential?
- Entfernungsanordnungen?
- Ersatzorganisationen?
- Verbotsmaßnahmen?

und vor allem das Delikt

- Delegitimierung des Staates?

denn nun genau sind, unterbleibt in dem Papier der Innenministerin.

Interpretationssache?

Es ist beruhigend, festzustellen,
dass die, welche uns regieren,
eigentlich gar kein Volk brauchen.
Dieter Hildebrandt, Kabarettist, Autor (1927 – 2013)[53]

Dreizehn-Maßnahmen-Paket: Schutz der Demokratie oder ihr „langsamer Erstickungstod"?

Gerade waren nach Medienangaben ungefähr eine Million deutscher Bürger auf den Straßen unterwegs, ein Signal für die Demokratie, gegen rechts, gegen die Oppositionspartei AFD, im offensichtlichen Schulterschluss mit Regierungsvertretern, zivilgesellschaftlichen Institutionen, Prominenten, Parteimitgliedern, Kirchenvertretern. Alles paletti für die Demokratie?

Oder – müssen wir uns Sorgen machen?

„Wehrhafte Demokratie? Oder eher ein neuer Staatsautoritarismus? Die Kritik an Innenministerin Faesers Maßnahmenpaket wird schärfer. ...
Vor knapp einem Monat stellte Bundesinnenministerin Nancy Faeser, gemeinsam mit dem Präsidenten des Bundesamts für Verfas-

---

[53] Schwarzer Humor, Edition XXL, S. 116.

sungsschutz, Thomas Haldenwang, und dem Präsidenten des Bundes-
kriminalamts, Holger Münch, ein neues Maßnahmenpaket zum Schutz
der Demokratie vor[1]. Seither hagelt es Kritik."[54]

Stimmen[55]

*Volker Brehme-Nessler, Jurist an der Universität Oldenburg in **Ber-**
lin direkt, ZDF*
„Die Essenz der Demokratie ist, dass es ganz viele unterschiedliche
Meinungen gibt, die alle gleich legitim sind, und diese Meinungen
streiten sich. Und irgendwann wird abgestimmt und dann gibt es eine
Entscheidung. Das ist der Punkt. Diese Freiheit der Ideen und der
Wettkampf der Ideen – das ist die Essenz der Demokratie. ...

Was sich als selbstverständlich verstehen sollte, wird im neuen
demokratischen Selbstverständnis, wie es von der Innenministerin in
die Debatte gebracht wird, langsam unterhöhlt, so langsam, dass man
es kaum bemerkt. ... Die Demokratie stirbt nicht mit einem Knall.
...Die stirbt Zentimeter für Zentimeter für Zentimeter. Immer eine
kleine Maßnahme und noch eine kleine Maßnahme und noch eine kleine Maßnahme. Dann dreht sich die Rechtslage ganz allmählich ..."

*Franz Josef Lindner, Lehrstuhlinhaber an der Universität Augs-
burg, ebenfalls in **Berlin direkt, ZDF***
Er (fragt) angesichts des „schwammigen Begriffs" der „Delegitimierung des Staates", eingeführt im Verfassungsschutzbericht
2021, danach, ob denn einfach davon auszugehen ist, ob der
Staat dafür die Deutungshoheit beanspruchen kann?

Der wohl bekannteste deutsche Strafverteidiger Gerhard
Strate[56]

---

[54]https://www.telepolis.de/features/Im-ZDF-zur-Meinungsfreiheit-
Warnung-vor-langsamen-Erstickungstod-der-Demokratie-
9651533.html
[55] Zusammengestellt in obigem Artikel-Link von Telepolis.

„Die jüngsten Forderungen von Paus, Faeser u. Haldenwang zur Beschränkung d. Meinungsfreiheit in Deutschland treiben jedem ‚Anhänger des Rechtsstaats die Schweißperlen auf die Stirn'."

Roland Tichy[57]
Roland Tichy, heute der Herausgeber des liberal-konservativen Magazins *Tichys Einblick* geht noch weiter. Der Titel des Hefts 4/2024 liest sich so:
„Angriff auf die Verfassung
Wie die Ministerinnen Faeser und Paus mit Geheimdienstchef Haldenwang die Grundrechte aushebeln wollen"

Im Editorial, S. 3, konstatiert Tichy dann:
„Wenn Nancy Faeser, Lisa Paus und Thomas Haldenwang ihre geplanten Gesetze durchkriegen, ist … das Ende von Presse- und Meinungsfreiheit erreicht. Hinter all dem ‚Wir müssen die Demokratie retten'-Geschwurbel, mit dem Sie derzeit eingelullt werden, verbirgt sich ein nie da gewesener Anschlag auf Freiheit und Grundgesetz."

Und die Zeitung *„Die Welt"*[58] kommentiert:
„Würde das BfV[59] *seinen Auftrag ernst nehmen, hätte es Nancy Faeser schon ins Visier genommen."*

Oft hört man von Politikern, das Grundgesetz müsse zukunftsfähig gemacht werden. Vielleicht sollte man einfach die **Zukunft grundgesetzfähig** belassen?

---

[56] Zitiert auf Twitter von Franz Josef Lindner bei seinen Ausführungen zum Interview auf *Berlin direkt*.

[57] Wikipedia notiert: „Er war Chefredakteur der Magazine Impulse und Euro sowie der WirtschaftsWoche. Von 2014 bis 2020 war er Vorsitzender der Ludwig-Erhard-Stiftung. …"

[58] Zitiert nach Roland Tichy, 4/2024, S. 3.

[59] Bundesamt für Verfassungsschutz

Nun kursieren sie also wieder – die Ratschläge, was im Falle einer Atombombenexplosion zu tun ist![60] [61]

Mach's wie Bert
In den 50er/60er Jahren lernten die Kinder im Trickfilm von der witzigen Schildkröte Bert, wie man es macht:
Duck dich, leg dir etwas auf den Kopf, zum Beispiel deine Schultasche und simsalabim, so schlimm ist es doch gar nicht.
„Duck and cover."[62]

Wie konnte es so weit kommen?
Wie wenig weitsichtig müssen die Politiker gewesen sein, dass nach dem Zerfall des sozialistischen Ostblocks und damit der Beilegung des Ost-West-Konflikts die historische Chance auf mehr Frieden vergeben wurde und wir nun erneut am Rande der Menschheits-Auslöschung stehen?
Nur der erste Schuss in einem Krieg ist berechenbar, sagt eine schon ziemlich alte Weisheit.
Wann wird endlich verhandelt?

---

[60] https://www.msn.com/de-de/nachrichten/wissenundtechnik/worst-case-szenario-was-im-falle-eines-atomangriffs-zu-tun-ist/ss-AA10kwLg?rc=1&ocid=winp1taskbar&cvid=d584a3ffd9b0433ee94ca9e605f36eae&ei=19#image=30

[61] Frau Stark-Watzinger fordert Zivilschutzübungen …

[62] https://www.google.com/search?client=firefox-b-d&sca_esv=82300cf3937c2883&cs=0&q=Woher+kommt+der+Ausdruck+%E2%80%9EDuck+and+Cover%E2%80%9C%3F&sa=X&ved=2ahUKEwiivpq5hZKFAxU8-QIHHRd8CMMQzmd6BAgREAY&biw=1920&bih=955&dpr=1

„Verwirrte Schafherde"[63] *oder der Souverän, dumme Marionetten oder mündige Bürger – brauchen wir die „Eliten", die uns lenken?*

Wie wir sind oder wie uns die Mächtigen sehen – das bestimmt wohl die Gesellschaft, die wir kriegen und „verdienen".

Die uninteressierten Bürger, die sich mehr damit beschäftigen, ob Cathy H. oder Kim C. ein durchsichtiges Kleid irgendwo oder irgendwann getragen haben, als ob durch Vabanque-Spielen der Politik die Welt im finalen Kriegschaos versinkt oder die freiheitlichen Segnungen unseres Grundgesetzes zukünftig der Vergangenheit angehören könnten – die scheinen die Auserwählten, die Elite, die sie lenkt und ihnen sagt, wo es lang geht, nötig zu haben.

Demokratie (Demos), so, wie sie von ihrer Wortwurzel als Volksherrschaft gemeint war oder gemeint sein könnte, wäre anders:

Die Bürger würden sich nicht ins Private zurückziehen, sie würden versuchen, so aktiv wie möglich das politische Geschehen zu beeinflussen.

Unsere Verfassungsväter gaben uns viele Möglichkeiten zur Teilhabe und zum Widerstand an die Hand. Vor allem das Wahlrecht, das uns in zeitlichem Abstand – wie morgen bei der Europawahl – die Möglichkeit gibt, unsere Meinung handfest zu artikulieren; wir bestimmen die Herrscher „auf Zeit"!

---

[63] Wer tiefer in die Thematik eintauchen möchte, dem sei das Buch von Rainer Mausfeld, Warum schweigen die Lämmer? Wie Elitendemokratie und Neoliberalismus unsere Gesellschaft und unsere Lebensgrundlagen zerstören, Westend 2021, wärmstens empfohlen.

Demonstrationsrecht, Versammlungsfreiheit, Streikrecht, Kriegsdienstverweigerung[64] erlauben Widerstand und zivilen Ungehorsam.

„Ruhe ist die erste Bürgerpflicht"[65] – das war 1806 in Preußen. Heute doch nicht wieder?

Es genügt nicht nur,
keine Gedanken zu haben,
man muss auch unfähig sein,
sie auszudrücken.
Karl Kraus, Satiriker (1874 – 1936)[66]

Equilibrismus

Der Begriff der neuen Bewegung leitet sich vom lateinischen Wort aequilibrium (Gleichgewicht) her.[67] *Es wird eine Balance zwischen Natur- und Kulturraum, zwischen Ökologie und Ökonomie im globalen Maßstab angestrebt.*

---

[64] U.a.

[65] geflügeltes Wort, das sich an die Schlussworte der Kundgebung des Gouverneurs von Berlin, Friedrich Wilhelm, Grafen von der Schulenburg (s. d.), anlehnt, mit der dieser 18. Okt. 1806 den Berlinern die Niederlagen von Jena und Auerstädt kundgab. https://www.google.com/search?client=firefox-b-d&q=Ruhe+ist+die+erste+B%C3%BCrgerpflicht

[66] Brandt, W., Kommen Sie aus Deutschland oder aus Überzeugung? Politische Witze, dtv, 2. Aufl. 2014, S. 12.

[67] Siehe Freystedt, V./Bihl, E., Equilibrismus, Signum-Verlag, 2005, S. 11ff.

Dabei verstehen sich die Begründer als Schöpfer eines neuen Denkens, eines dritten Weges neben den bipolaren Denkweisen und Forderungen von Kapitalismus und Sozialismus. Man will „neue Konzepte statt Reformen"[68] der gegenwärtigen Systeme.

„Macht euch die Erde untertan!", so lautet das Gebot der Bibel. Am anderen Ende der Skala finden wir

„Erst die Erde, dann der Mensch!"[69]
Zwei Perspektiven, wie sie unterschiedlicher kaum sein können.

- Der Mensch nicht als Krone der Schöpfung, dessen Interessen Priorität haben?
- Gleiche Rechte für alles Lebendige, so dass bei einer Abwägung die Rechte eines Hundes genau so viel Geltung haben wie die Rechte seines Besitzers?

Das Revolutionäre dieses neuen Denkens wird sofort bewusst, mit allen Konsequenzen für Handlungsoptionen, die daraus folgen.

Faschismus erkennen

In der Hausmitteilung des Spiegels, Heft 34 vom 17.8.2024, S. 3, meint Lothar Gorris, Spiegel-Redakteur und einer der Verfasser des Titels *„Wie Faschismus beginnt"*:

---

[68] „Neue Konzepte statt Reformen für eine Welt im Gleichgewicht" ist der Untertitel des Buches.

[69] So lautet der Untertitel des Buches von Fleck, D.C., Go! Die Ökodiktatur: **Erst die Erde, dann der Mensch**, 2013.

„Es ist einfach, Faschismus zu definieren, aber schwierig, ihn zu erkennen. Meistens ist es dann schon zu spät."

Ausgemacht haben die beiden Spiegel-Redakteure den Faschismus trotz dieser Schwierigkeiten in seiner realen Ausprägung bei Donald Trump. Marine le Pen und Björn Höcke; das Spiegel-Titelbild zeigt ihre Köpfe. Und damit es nicht *„zu spät"* ist, was wäre da zu tun – muss, soll, wird sich der Spiegel-Leser wohl fragen. Oppositionsparteien verbieten? Das wäre allerdings seinerseits faschistisch, glaubt man den traditionellen Faschismus-Definitionen[70] – problematisch vor allem in einer als Mehrheits-Demokratie verfassten Gesellschaft, bei den gegebenen Zustimmungswerten. So beschrieb zum Beispiel Richard Löwenthal[71] den alten Faschismus **nationaler** Prägung und stellte als gemeinsames Merkmal fest: *„die grundsätzliche Verachtung der Mehrheitsdemokratie, und, daraus folgend, die Entrechtung des politischen Gegners ..."*

Ullrich Mies – ein (Alt)Linker, beschäftigt sich in seinem 2023 erschienenen Buch ebenfalls mit Faschismus, jedoch dem *„neuen Faschismus, der keiner sein will"*[72]. Er macht diesen neuen woanders aus.

„Die westliche Welt ist ethisch und moralisch zerbrochen, sie befindet sich im freien Fall, dessen Folgen noch nicht absehbar, nur zu erahnen sind. Die Akteure dieses Neuen Faschismus terrorisieren diejenigen, die diesen Zerfall beschreiben und dagegen aufbegehren, und bekämpfen sie mit immer härteren Maßnahmen. ... [73]

---

[70] Siehe bei Mies, U., Tabelle: Faschismus vs. „Der neue Faschismus, der keiner sein will", S. 211 ff.

[71] Zitiert nach Mies, U., a.a.O., S. 158f.

[72] Mies, U., Das 1x1 des Staatsterrors. Der neue Faschismus, der keiner sein will, Klarsicht Verlag 2023

[73] Ebda., S. 39.

Die Wahrheitssuche war schon immer ein schwieriges Unterfangen ...

Frankfurter Buchmesse naht: Vorsicht Buch?

Bald ist es so weit - in Frankfurt werden sie wieder vorgestellt: Bücher, die Themen nicht nur in 200 Zeichen wie auf Twitter anreißen, sondern bis zu ihren Wurzeln, Verästelungen und Konsequenzen verfolgen.

Ihr Lesen ist unverzichtbar für die Entwicklung des menschlichen Geistes, wie Wissenschaftler meinen.

Das Potential von Büchern bezeugt die Geschichte:

Deshalb – wurden sie auf den Index gesetzt, (katholische Kirche), sie wurden verboten, verbrannt, zensiert (in den zahllosen Diktaturen) und wenn man sie nicht verhindern konnte, beschimpfte und diskreditierte man Inhalte und Autoren.

Bücher, die Länder oder gar die Welt erschütterten, gibt es eine ganze Menge, zum Beispiel: **Luthers Bibelübersetzung** führte indirekt – zu den Bauernkriegen und dem Dreißigjährigen Krieg. Das **Kapital von Karl Marx** revolutionierte weltweit politische Systeme – das sowjetisch-stalinistische Imperium hielt hernach fast einhundert Jahre große Teile des Globus in Atem. Andere Bücher wurden zunächst kaum zur Kenntnis genommen, ihre weitreichende Bedeutung wurde verkannt. **Hitlers Mein Kampf** war zunächst wenig gelesen; man war in weiten Teilen der Bevölkerung ahnungslos, was sich da zusammenbraute.

Lesen und Nicht-Lesen

Bücher-Lesen ebnet aufklärerischen und gefährlichen, „falschen" und „richtigen" Gedanken[74] den Weg in die Köpfe. Verheerend kann sich auch das Nichtlesen bestimmter Bücher durch die Mehrheit auswirken, wenn die dort ausgebreiteten Gedanken Wirkung bei Entscheidungsträgern oder politischen Schalthebel-Bedienern entfalten.

Deshalb - geht in der Demokratie am unerschrockenen Viel-Lesen kein Weg vorbei …

Freiheit

so berichtet der Spiegel[75], wird von den Sprachkritikern der Plattform „Floskelwolke" auf den ersten Platz des **Negativpreises für Floskeln** gesetzt. Unter anderem mit folgender Begründung:

*„Das macht auch nicht Halt vor der Umdeutung eines hoch angesehenen Gutes wie Freiheit, in deren Namen **inzwischen egoistische Forderungen**[76] gestellt werden."*

Wie bitte?

Haben wir da in den vergangenen Jahrzehnten und Jahrhunderten etwas falsch verstanden? Ist die persönliche Freiheit des Individuums, seine ureigenen, also auch egoistischen Interessen, die Emanzipation des Individuums, eine zentrale Forderung seit der Aufklärung, nicht bisher von jedermann im „Werte-Westen" – außer den Marxisten – akzeptiert?

---

[74] Wobei die Entscheidung, ob falsch oder richtig, nach eigener Auffassung getroffen wird; oft dauert es lange, bis die „objektive" Wahrheit ans Licht kommt …

[75] https://www.spiegel.de/kultur/sprachkritiker-waehlen-freiheit-zur-floskel-des-jahres-a-706e5dff-88b9-4ba6-88aa-bb6e7707dcab

[76] Hervorhebung durch den Verfasser.

Nun, der Marxist Friedrich Engels hatte sich nämlich von Hegel den folgenden Freiheitbegriff geborgt:
„Freiheit ist die Einsicht in die Notwendigkeit."[77]

Im Spiegel 22/1975 kommentierte der Artikelverfasser diesen marxistischen Freiheitsbegriff (noch) so:
„Der Marxismus hat sich bekanntlich d...en berühmten Satz Hegels zu eigen gemacht. ... (N)ach der im Staats-Marxismus vollzogenen Metamorphose präsentiert sich der Hegelsche Satz etwa in folgender Form:
Freiheit (des Staates) erfordert Einsicht in die Notwendigkeit der Unfreiheit (des Individuums)."[78]

Eine Stimme

„Bestimmte Dinge sollten so bleiben, wie sie sind. Man sollte sie in einen dieser großen Glaskästen stecken und sie einfach in Ruhe lassen können. "
J.D. Salinger

Patient Freiheit

*Freiheit **von** staatlichem Zwang und Unterdrückung, Freiheit **zur** Ausübung der in der Verfassung verbrieften Grund- bzw. Menschenrechte – das war lange die konsensfähige Vorstellung von Freiheit.*

Freiheit sei nicht, so herrschte ebenfalls der Konsens, im Sinne der marxistischen Sicht, „die Einsicht in die Notwendigkeit",

---

[77] Der Satz erfordert einiges Nachdenken, bis der „Groschen fällt"!
[78] https://www.spiegel.de/politik/ddr-im-strudel-des-kapitalistischen-internes-a-d6bcfdf9-0002-0001-0000-000041521036

die laut Spiegel (22/1975) so interpretiert werden könne, dass die „Freiheit (des Staates) … Einsicht in die Notwendigkeit der Unfreiheit (des Individuums)" erfordere.

Welche Freiheits-Erweiterungen wurden in den letzten Jahren erreicht? Zum Beispiel …

- straffrei zu kiffen (Vor allem junge User gehen das Risiko ein, eine drogen-induzierte Psychose zu erleiden – gibt der Kritiker zu bedenken.)
- mit 14 eine andere Geschlechtszugehörigkeit per Eintrag bei der Behörde festzulegen und später das vorhandene biologische Geschlecht operativ zu verändern (Lebenslang Hormone einnehmen zu müssen, ist die Folge – wird der Skeptiker finden.)
- mit 16 Jahren zu wählen, allerdings erst mit 18 oder gar 21 strafmündig zu sein
- „digitale Freiheit" durch staatliche Förderung des Zugangs zu digitalen Endgeräten schon in der Kita und Grundschule (Der Leseerwerb und das Textverständnis werden verzögert, Kurzsichtigkeit wird befördert, Haltungsschäden induziert und der digitalen Mediensucht schon im frühen Kindesalter Vorschub geleistet – wird der Kritiker einwenden.)

Ach ja, und nicht zu vergessen:

- In immer mehr Schwimmbädern dürfen die Frauen jetzt oben ohne gehen …

Schlechte Karten hat die Freiheit übrigens in Zeiten von Notständen: Pandemien, Klimakrise, Krieg – denn dann ist vom Individuum die „Einsicht in die Notwendigkeit" der Freiheitseinschränkungen gefordert (siehe Corona-Krise).

Muss man sich um den *Patienten Freiheit* ernste Sorgen machen?

Spielregeln für Intellektuelle

Wenn du etwas denkst, sage es nicht.
Wenn du etwas sagst, schreibe es nicht.
Wenn du etwas schreibst, veröffentliche es nicht.
Wenn du etwas veröffentlichst, wundere dich nicht.[79]

Gaia-Theorie

Große Herausforderungen rufen ungewöhnliche Erklärungen auf den Plan.

Ein bekannter Fußballtrainer ließ sich vor nicht allzu langer Zeit, ungewohnt philosophisch, mit der Aussage vernehmen, **die Erde wehre sich nun** und deshalb habe die Weltbevölkerung mit dem Corona-Virus zu kämpfen. Welche Auffassung mag diese Aussage befördert haben?

James Lovelock formulierte im Jahr 1969 die These, die Erde und ihre Biosphäre könnten wie ein Lebewesen betrachtet werden, das sich seine Bedingungen zum Erhalt von Leben und Evolution automatisch-dynamisch selbst erhält.

Eine optimistische Aussage hinsichtlich der Klimaentwicklung! Er postulierte beispielsweise einen Rückkopplungsmechanismus für eine tendenziell abnehmende Konzentration des Treibhausgases $CO2$ bei ansteigender Sonneneinstrahlung.

Von den Anhängern des New Age, der Hippie- und der Ökologie-Bewegung wurde er teilweise missverstanden. Die Erde wird von diesen Gruppierungen gelegentlich als beseelter Organismus dargestellt, der sich – wie eine Erd-Göttin – wehrt und bestraft.

---

[79] Dalos, G., Proletarier aller Länder, entschuldigt mich. Das Ende des Ostblockwitzes, Temmen 1993, S. 78.

James Lovelock hat sich von einer solchen Auslegung seiner Hypothese und der daraus folgenden animistischen[80] Sicht der Erde distanziert.

Gedankenfreiheit

Die Gedanken sind frei
wer kann sie erraten,
sie fliegen vorbei
wie nächtliche Schatten.

Kein Mensch kann sie wissen,
kein Jäger erschießen,
es bleibet dabei,
die Gedanken sind frei.[81]

Das wäre schön, wenn es für immer so bliebe, wie in dem von Hoffmann von Fallersleben verfassten Lied vom Anfang des 19. Jahrhunderts.

Dass Andersdenkende in allen Diktaturen verfolgt und deshalb überall dort Menschen bespitzelt wurden, damit man ihre Haltungen, Auffassungen, Gedanken ermitteln konnte, ist bekannt.

---

[80] beschreibt den „Glauben", dass auch unbelebte Objekte eine Seele besitzen. (ähnlich *wikipedia*, Stichwort *Animismus*)

[81] Das vor allem bei den Burschenschaften beliebte Lied gegen politische Repressionen und Zensur wurde nach der gescheiterten deutschen Revolution von 1848 verboten.

Die Zukunft der „Gedankenkriminalität" (*Thought Crime* nach George Orwell) ist allerdings noch etwas bedrückender. Man kann bereits heute durch Gehirn-Scan in Arealen Gehirnaktivität erkennen und bestimmten Inhalten zuordnen.

Neuralink, ein Unternehmen von Elon Musk, hat erstmals Mini-Elektroden in Gehirnen implantiert, um Gedankensteuerung von Handys und anderen technischen Hilfsmitteln zu ermöglichen.

Bis zum Auslesen dieser Gedanken ist es umgekehrt sicher kein weiter Weg.

„So interviewte das Weltwirtschaftsforum im November 2018 den Oxford-Professor Antoine Jerusalem über die Möglichkeit, ‚Gedankenkontrolle mit Hilfe von Schallwellen' auszuüben. Man könne mit Ultraschallwellen bestimmte Teile des Gehirns beschallen, und mit dieser sogenannten Neuromodulation könne man dann ‚kontrollieren, was eine Person vor ihrem geistigen Auge sieht'.[82]

„…zu dem jährlichen Treffen des WEF[83] *im Januar 2023 in Davos (wurde) die iranisch-amerikanische Professorin Nita A. Farahany eingeladen, um über die ‚Transparenz des Gehirns' zu sprechen. Sie erklärte in ihrem Vortrag, dass es bereits möglich sei, durch das Tragen von Mützen oder Stirnbändern die Gehirnaktivitäten von Menschen auszulesen."*[84]

Der total-überwachte Mensch ohne Privat- und Intimsphäre, bar jeglicher Geheimnisse – eine Horrorvision! Aber noch ist es ja nicht ganz so weit …

---

[82] Tögel. J., Kognitive Kriegsführung. Neueste Manipulationstechniken als Waffengattung der NATO, Westend, 6. Aufl. 2023, S. 178

[83] World Economic Forum; Weltwirtschaftsforum

[84] Tögel. J., ebda., S. 179.

Neu=gut?
Alt=blöd?
Jung=toll?

Ist die neue Waschmaschine besser als die alte?
War die Entspannungspolitik Willy Brandts tatsächlich blöd?
Ist Annalena Baerbock als Außenminister besser als Hans-Dietrich Genscher?
Wenn Erfahrungswissen nichts mehr gilt, wenn Kinder und Jugendliche wie Philosophen hofiert werden, ist Aufpassen angesagt. Nur der Zwerg, der auf den Schultern des alten Riesen steht, kann weiter sehen als der Riese selbst …

Gegen rechts – oder für links?

*„Ich gehe auf keine Veranstaltung, wo **gegen rechts** demonstriert wird"*[85] [86]

---

[85] Sagt Kristina Schröder, ehemalige CDU-Familienministerin, am 8.2. in einem Interview: „Werde auf keine Veranstaltung gehen, wo gegen ‚rechts' demonstriert wird. Hervorhebungen im Folgenden vom Verfasser.

[86]https://www.msn.com/de-de/nachrichten/politik/kristina-schr%C3%B6der-werde-auf-keine-veranstaltung-gehen-wo-gegen-rechts-demonstriert-wird/ar-B1hXxrh?rc=1&ocid=winp1taskbar&cvid=c9d47c787d7c419b93c36e1

Bis einer es wagte, gegen die von Gewerkschaften, Gruppen der Zivilgesellschaft, Kirchen, Parteien und der Regierung initiierten oder gelobten Demonstrationen – dem Aufstand der Anständigen? – etwas einzuwenden, hat es lange gedauert: den Unterschied noch einmal herauszustellen zwischen rechts und rechtsradikal oder rechtsextrem. Kristina Schröder tat dies am 8.Februar 2024.

*„Wir sollten nicht aus Angst, in eine Ecke gestellt zu werden, überall **mitlaufen** und die Klappe halten. …Seit 20 Jahren, auch in der Zeit als Ministerin, beschäftige ich (mich) mit Initiativen „gegen rechts". Ich bin da sensibel. Es geht zu oft darum, **linke Deutungshoheit** zu gewinnen, immer **enger** abzustecken, was **innerhalb des politisch legitimen Meinungskorridors** liegt."*

Reinhard Müller äußerte sich schon im Oktober 2023 in der FAZ[87] zur notwendigen Differenzierung, die heute zunehmend unterbleibt. Er schrieb damals:

*„Im Zweifel rechts, <u>also</u> rechtsextrem. Denn was einst als Ort in der Sitzverteilung im Parlament begann und dann etwa mit „konservativ" besetzt wurde, ist **längst zum Synonym für radikal geworden** – ein Stigma. …"*

Ein Kampf **gegen rechts** – impliziert der den Kampf **für links**? Sprachlich zumindest ist es logisch.

Heute gilt es sogar als Kampf „für die Demokratie", wenn bei „Omas gegen rechts" **Kinder** mit hochgehaltenen Schildern mitmarschieren …

---

[87] FAZ vom 20.10.2023, S. 10.

„Wir Deutsche malen am liebsten schwarz. Wenn uns im Augen-blick keine Katastrophe heimsucht, dann sehen wir eine kommen. Wir können, so scheint es, ohne die apokalyptischen Ängste nicht existie-ren"[88], schreibt F. Sieburg und verkauft sein Buch mehrere hun-derttausend Mal.

German Angst

Gepaart mit der typisch deutschen „German Angst" ergibt sich ein manchmal merkwürdig erscheinendes Bild: Der Radfah-rer, der auf dem Waldweg in der guten frischen Luft aus Angst vor einer Corona-Infektion nach wie vor Maske trägt. Die Kli-makleber, die sich „Letzte Generation" nennen, weil sie den vie-len Berichten und Aussagen Glauben schenk(t)en, dass der Pla-net 2040, 2050 nicht mehr bewohnbar sei.

Verzerrte Wirklichkeit

Für den Intensiv-Mediennutzer lauern tatsächlich an jeder Ecke tödliche Gefahren. Eine gute Nachricht ist für die „Auf-merksamkeitshändler" eben keine Nachricht, sie ist nicht „span-nend". Und so entsteht ein schlimmeres, ein verzerrtes Bild von der Realität.

Gespaltene Angstbereitschaft

Wundern kann man sich, dass bei so viel Angstbereitschaft manche wirklich bedrohlichen Entwicklungen fast achselzu-ckend hingenommen werden.

---

[88]https://www.buecher.de/shop/nationale-identitaet/die-lust-am-untergang/sieburg-friedrich/products_products/detail/prod_id/27983629/

- Die Angst vor einem Atomkrieg durch den immer weiter eskalierenden Ukraine-Konflikt.
- vor den Gefahren durch eine entfesselte Künstliche Intelligenz.[89]

Da soll einer die Deutschen noch verstehen ...

Gleichheit

Mit der Gleichheit ist es ähnlich wie mit Freiheit und Demokratie. Zunächst einmal, oberflächlich betrachtet, wird jeder Befragte antworten, er sei dafür und ihr Verfechter.

Völlig gleich – das wird jedoch bereits beim ersten Nachdenken deutlich – können Menschen nicht sein. Der eine ist klug, der andere weniger, es gibt schöne und weniger gutaussehende Menschen. Beste Gesundheit ist dem einen beschieden, der andere leidet lebenslang unter den verschiedensten Krankheiten. Der Natur, der Genetik, können wir bis heute nicht ausweichen, viele wollen es wohl auch nicht. Und mit den unterschiedlichen Voraussetzungen als Startbedingungen wird auch der Erfolg in der Gesellschaft zu einem nicht unbeträchtlichen Teil vorwegentschieden.

Gleichheit – egalité – war eine Forderung in der Französischen Revolution. Von dort fand sie nach und nach den Weg in staatliche Verfassungen.

In unserem Grundgesetz findet sich der Gleichheitsgrundsatz in Artikel 3, Abs.1.

---

[89] https://www.spiegel.de/netzwelt/netzpolitik/risiko-der-ausloeschung-ki-koryphaeen-von-openai-und-google-warnen-a-b5c4539b-26cc-4461-8884-a784061e4e25

*„Alle Menschen sind **vor dem Gesetz** gleich."*

Weitere im Grundgesetz verbriefte Gleichheitsrechte sind

- Gleichberechtigung von Mann und Frau
- Benachteiligungsverbot für Menschen anderer Abstammung oder Religion
- Gleichstellung von ehelichen und unehelichen Kindern
- gleicher Zugang zu öffentlichen Ämtern nach Eignung, Befähigung und Leistung.

Auf dem Kampf für die Rechte *sozial* benachteiligter Gruppen, für ihre Gleichstellung mit der Gesamtgesellschaft, für Chancengleichheit – liegt seit langem ein Hauptaugenmerk der Politik: gleicher Lohn für gleiche Arbeit für *Frauen*, Frauenquote, *Bevorzugung* von *Menschen mit Migrationshintergrund* bei gleicher Eignung bei der Besetzung von Stellen, die Stärkung von *Kinderrechten* u.v.m.

Gleichheit und Freiheit – ihr Wirkungsbereich hat sich im Laufe der Jahrhunderte und Jahrzehnte immer weiter ausgedehnt. Noch die Revolutionäre der Französischen Revolution dachten nicht daran, Frauen als gleich anzusehen und schickten die Verfechterin der Frauenrechte, Olympe de Gouges, aufs Schafott.

Solange sich Gleichheitsbestrebungen im nationalen Rahmen bewegen, sind sie mit einiger Erfolgsaussicht ausgestattet. Manifestieren sie sich allerdings in einem Ruf nach Gleichheit der Einkommen und Vermögen, dürfte ein Konsens schwierig werden.

Die Idee, die Reichen zu enteignen und ihre Vermögen an die Armen zu verteilen, scheint auf den ersten Blick eine überzeugende und vernünftige Idee. Neu ist sie nicht. So war es für den Kommunismus im Ostblock geplant – wenn es dann auch ganz anders kam.

Thomas Piketty, französischer „Popstar der Ökonomie"[90], wurde mit seinem Buch „Das Kapital im 21. Jahrhundert" bekannt. Es verkaufte sich zwei Millionen Mal.

Was bedeutet die dort erläuterte Formel r>g?
„Wenn die Kapitalrendite über dem Wirtschaftswachstum liegt, wächst die Ungleichheit."[91]
Auch in Zeiten sinkender Kapitalerträge/Zinsen[92] sei die Rendite für große Vermögen immer noch bei sechs bis acht Prozent anzusiedeln, die Ungleichheit vergrößere sich nach wie vor.[93]

Piketty schlägt zur Abhilfe eine Vermögenssteuer von 90 bis 95 % vor; mit dem so erlangten Geld könne man zukünftig jedem 25-Jährigen eine *Erbschaft für alle* in Höhe von 120000 Euro als Startkapital übergeben. Er sehe nicht „warum manche Kinder mehr bekommen sollten als andere."[94]

Manche Eltern scheinen sich mit solchen Gedanken schon anfreunden zu können. In einem Fernsehinterview vom 20. März 2020 äußerte sich Daniel Craig, dessen momentanes Vermögen auf 125 Millionen Dollar geschätzt wird, dass er es besser finde, seinen Kindern nichts zu vererben und das Geld vorher auszugeben. Ihm dürften vermutlich nur wenige Eltern zustimmen.

Gleichheitsbestrebungen, die über den nationalen Rahmen hinausgehen, gibt es heute zahlreich. So weist die Bewegung des

---

[90] Frankfurter Allgemeine Sonntagszeitung vom 8. März 2020, Nr. 10, S. 21.

[91] Frankfurter Allgemeine Sonntagszeitung, ebd.

[92] Karl Marx unterscheidet *Profit* und *Zins*. Die aktuelle Lage in Deutschland und Europa ist eher durch die Diskussion über Negativzinsen bestimmt.

[93] Ob auch der Umkehrschluss gilt? Wenn die Zinsen unter dem Wirtschaftswachstum liegen, erhöht sich die Gleichheit, weil der Anteil ärmerer Bürger steigt?

[94] Frankfurter Allgemeine Sonntagszeitung, ebd.

Equilibrismus[95] auf die Interessen der *Menschheit an sich* hin: der Generationen nach uns, der gesamten Menschheit und darüber hinaus *alles Lebendigen*, also auch der Tiere!

Wird es ohne das Primat
- des nationalen Interesses
- der eigenen Familie,

ohne das Primat
- des Menschlichen (Darf ich die Fledermaus töten, die das Corona-Virus trägt?)

nicht schwierig werden?

Globale Abkühlung/Erwärmung, Referenzperiode

Glück, Wetter und Klima – alles relativ?

Eigentlich weiß man, alles ist relativ. Glück zum Beispiel: Sind alle um dich herum unglücklich und du nur ein bisschen, bist du (halbwegs) zufrieden – und umgekehrt auch.

Kommst du gerade von einem Winterspaziergang in eine Gute Stube, die nur sechzehn Grad hat, findest du die Temperatur trotzdem angenehm, während es dich sonst bei sechzehn Grad ziemlich frösteln wird (allen Energiespar-Empfehlungen von Herrn Kretschmann zum Trotz!)

Wetter und Klima sind nicht dasselbe
Damit nicht beides verwechselt wird und der Bürger in Panik gerät, wenn es in einem Jahr einmal zu kalt ist, beobachten die Meteorologen dreißig Jahre in Folge und machen erst dann Aussagen über das „Klima".

---

[95] Siehe Stichwort *Equilibrismus* in diesem Buch.

Der Faktencheck von Reuters Media[96] betonte deshalb auch letzthin, dass die Meldung des NOAA „CO2-warming is a hoax (übersetzt: CO2-Erwärmung ist eine Zeitungsente/schlechter Scherz)" wegen der sich seit acht Jahren abkühlenden Temperaturen unsinnig sei, weil er einen zu kurzen Zeitraum zugrunde lege.

Katastrophenstimmung in den Siebzigern
In den siebziger Jahren des vorigen Jahrhunderts waren die Aussagen der Klimaforscher schon einmal von Katastrophenstimmung geprägt; man befürchtete aufgrund einiger Parameter (z.B. der sinkenden Oberflächentemperatur des Nordatlantiks) eine globale Abkühlung und den möglichen Beginn einer neuen Eiszeit, nachdem man von 1890 bis 1945 eine globale Erwärmung um 0,7 Grad Celsius durchschnittlicher Jahrestemperatur, in Pol-Nähe sogar um mehrere Grade festgestellt hatte. Der Direktor des Instituts für Umweltstudien an der Universität Wisconsin befürchtete gar, *„eine Milliarde Menschen würde verhungern"*[97].

Referenzperiode = die letzten dreißig Jahre?
Im Folgenden erklärt der Deutsche Wetterdienst[98], warum er bei der langfristigen Klimabetrachtung von der „normalen" Referenzperiode – die letzten dreißig Jahre von 1991 bis 2020 – abweichen möchte/wird.

---

[96]https://www.reuters.com/article/factcheck-noaa-global-cooling-idUSL1N34J26C

[97]   https://www.spiegel.de/politik/katastrophe-auf-raten-a-5cb92973-0002-0001-0000-000041667249; Artikel über *global cooling* in Spiegel 33/1974

[98]

https://www.dwd.de/DE/leistungen/besondereereignisse/verschiedenes/20210119_neue_referenzperiode.html

„Zur Erfassung des Klimas und seiner Änderungen werden Mittelwerte über einen Zeitraum von 30 Jahren gebildet. Hierdurch wird der Einfluss der natürlichen Variabilität aus der statistischen Betrachtung des Klimas ausgeklammert. Bisher wurde dafür der Zeitraum 1961 bis 1990 verwendet. ... Mit Ende des Jahres 2020 wurde die Vergleichsperiode für aktuelle klimatologische Bewertungen durch die Periode 1991 bis 2020 ersetzt.

Für die Bewertung langfristiger Klimaentwicklung wird die WMO-Referenzperiode 1961-1990 beibehalten, da dieser Zeitraum nur zum Teil von der aktuell zu beobachteten beschleunigten Erwärmung betroffen ist.“

Glück, Wetter und Klima – alles relativ.

Globale Führung (global governance)

Think big?

Als Alexander der Große sein Weltreich anstrebte, musste er noch reiten. Bestenfalls ließen sich die Untertanen durch Statthalter in Provinzen überwachen. Die Kontrolle war lückenhaft und damit letztlich alle früheren Versuche zur Globalisierung von Führung und Herrschaft zum Scheitern verurteilt.

Das hat sich geändert; Digitalisierung macht's möglich!

China zeigt, wie es geht. Kameras an jeder Ecke, ein Social-credit-System für alle Bürger – zukünftig lückenlose Überwachung durch digitale Pässe oder einen Chip mit allen Daten unter der Haut?

Globale Führung, letztlich der Griff nach der Weltherrschaft, scheint in greifbare Nähe gerückt. Auflösung der nationalen Grenzen, der gläserne Weltkunde, der gläserne Weltbürger.

Das könnte einen großen Gewinn an Effektivität und Ressourcenschonung bewirken, oder? Wenn da nicht die Freiheit des Individuums, der Schutz vor Übergriffen eines immer mächtiger werdenden (Welt)Staates wäre.

*„… mit zunehmender Größe (eines Staatswesens) verringert sich die Übereinstimmung über die Reihenfolge der Ziele, womit die Notwendigkeit wächst, sich auf **Macht und Zwang** zu stützen."*

Friedrich A. v. Hayek, *Der Weg zur Knechtschaft*[99]

Haltung

Haltung kann man heute kaufen.

Marketing-Fachleute empfehlen Unternehmen, ihre Produkte zur Umsatzsteigerung mit einer Haltung zu versehen. Haltung hat Hochkonjunktur! Nicht selten wird man in Medien dazu aufgefordert, Haltung zu zeigen. Die Schreiber behaupten von sich selbst, Haltung zu haben.

Welche Haltung?

Wer hat die richtige Haltung definiert?

Unterschiedliche Haltungen – oder haben wir alle nur noch eine einzige?

Hatespeech: Lebenslange Haft?

Nachdem vor einiger Zeit ein Grazer Professor die Todesstrafe für Klimaleugner gefordert hat[100], schickt sich nun der YGL (Young Global Leader) Justin Trudeau an, die unterschiedliche Strafzumessung für

---

[99] Kopp Verlag, 2. Aufl. der Sonderausgabe März 2021, S. 274.
[100] https://www.spiegel.de/lebenundlernen/uni/radikaler-professor-todesstrafe-fuer-leugner-des-klimawandels-a-875802.html

(Gedanken und) Gesprochenes/Geschriebenes auf der einen und wirklichen Taten auf der anderen Seite zu verwischen.[101]

„Die Regierung von Justin Trudeau will drakonische Strafen für Hassrede einführen. Nutzern droht Gefängnis, Konzernen Milliardenstrafen."

Denken und Sagen auf der einen Seite (*Thought-Crime, Gedankenkriminalität* nach George Orwell) und reale Taten auf der anderen – das sollte im privaten Leben und der Politik nach wie vor deutlich unterschieden werden.

Klatschen an der „falschen" Stelle zum Beispiel, dessen sich Claudia Roth bei der Berlinale scheinbar „schuldig" machte, auch die Verwendung „falscher" Wörter – solche Delikte sollten besser auch zukünftig straffrei bleiben, oder? Wie viele Eheleute haben schon gedacht oder sogar gesagt: „Ich könnte dich umbringen!", haben den Mord dann aber unterlassen und noch viele Jahre bis an ihr seliges Ende zusammen weitergelebt.

Wenn man die alle verhaften wollte, müsste man viele neue Gefängnisse bauen …

I can guarantee the freedom of speech,
but I can't guarantee the freedom after speech.
Idi Amin, diktatorisches Staatsoberhaupt von Uganda (1971 – 1979)[102]

---

[101]https://www.berliner-zeitung.de/politik-gesellschaft/kanada-regierung-plant-lebenslange-haft-fuer-hassrede-im-netz-li.2191739

[102] https://www.goodreads.com/quotes/9082497-there-is-freedom-of-speech-but-i-cannot-guarantee-freedom

Was hat die Journalistin Ulrike Herrmann und ihre Forderung nach Installierung der Planwirtschaft in Deutschland – wegen des Klimaschutz-Ziels – mit den Griechen zu tun?

„Griechen wir denn heute Bananen oder griechen wir wieder keine?", das war ein vielgehörter Spruch in der DDR.

Weniger Effizienz, weniger Wohlstand, Mangelwirtschaft – die bekannte Wirtschaftsjournalistin bestreitet die Probleme nicht. Aber die Demokratie, die bleibt erhalten, so meint sie?[103]

Friedrich A. von Hayek: Planwirtschaft führt in die Diktatur
Friedrich A. v. Hayek, der renommierte Liberale und Nobelpreisträger, der eine Vorform der Planwirtschaft als Kriegswirtschaft im Vereinigten Königreich des Zweiten Weltkrieges kennengelernt hat, bestreitet die Vereinbarkeit von Demokratie und Planwirtschaft in seinem Buch „Der Weg in die Knechtschaft" (1944)[104]

*„Planwirtschaft (führt) zur Diktatur …, weil diese das wirksamste Instrument zur Gewaltanwendung und der Aufzwingung von Idealen ist und als solches unvermeidlich wird, wenn eine zentrale Planung großen Stiles durchgeführt werden soll. Der Konflikt zwischen Planwirtschaft und Demokratie ergibt sich einfach aus der Tatsache, dass die letztere der Unterdrückung der Freiheit im Wege steht, welche die bewusste Leitung des Wirtschaftslebens **erfordert**."*

Schnee von gestern – oder Mahnung?

---

[103] Ulrike Herrmann, Planwirtschaft fürs Klima, in https://monde-diplomatique.de/artikel/!5878384
[104] A.a.O., S. 99.

Viele Menschen fühlen sich durch den Klimawandel existentiell bedroht. Ein Professor der Universität Graz schlug gar vor, Klimaleugner mit dem Tode zu bestrafen ...

1944 schreibt der große Liberale und Nobelpreisträger Friedrich A. von Hayek in *Der Weg zur Knechtschaft*:

„Vom Standpunkt des Kollektivisten[105] [106] *aus gibt es immer ein höheres Ziel, dem diese Handlungen dienen und das sie in seinen Augen rechtfertigt, da die Verfolgung des Kollektivzweckes nicht vor den individuellen Rechten oder Werten Halt machen darf. ... Es sind Dinge zu tun, von denen jeder weiß, dass sie als solche verwerflich sind, die aber für ein höheres Ziel getan werden müssen. ..."*

Hitler-Attentat vom 20. Juli 1944: Vom „falschen" Bewusstsein und vom „richtigen" Tun ...

Am 20.7. 2024 jährt sich der Attentatsversuch auf Adolf Hitler von Claus Schenk Graf von Stauffenberg zum 80. Mal. Nach acht Jahrzehnten sind sich die Kommentatoren (fast) alle einig: Das Ziel, Hitler zu töten und weiteres millionenfaches Blutvergießen zu beenden, der Versuch, entsprechend zu handeln – Tyrannenmord und Widerstand gegen das Unrechtsregime – waren richtig.

Die Motive des Attentäters wurden, vor allem von linker Seite, in der Rezeptionsgeschichte seiner Tat, wenn nicht als falsch, so doch als „umstritten" angesehen.

---

[105] Der Kollektivist räumt der Gruppe, in der die Menschen leben, also z.B. dem Staat, dem Volk, der Klasse den Vorrang vor dem Individuum ein.
[106] v.Hayek, F.A., a.a.O., S. 191f.

Beispiele

Nach Ansicht der 68er Studentenbewegung habe er als Aristokrat, Berufssoldat, mit seiner konservativen Gesinnung nicht das richtige, das linke pazifistische (pseudo)proletarische Bewusstsein gehabt[107].

„Die nach links gerückten Nachfolgegenerationen, vor allem die 68er, wollten eine Sichtweise nur ungern akzeptieren, nach welcher der maßgebliche Widerstand gegen den deutschen Faschismus nicht von Arbeitern, Bauern, Hausfrauen, Häftlingen und Deserteuren, sondern von Grafen und Generälen, Faschisten und Kriegsverbrechern geleistet wurde."[108]

In marxistischen Kreisen sah man die Widerständler kritisch.

„Der wahre Widerstand sei von der KPD und der Roten Kapelle ausgegangen."[109]

In der DDR änderte sich die Einschätzung im Laufe der Jahre.

„Später wurden sie im Sinne der marxistischen Geschichtstheorie eher in die Kategorie der „nützlichen Idioten" eingestuft, also als ursprünglich arbeiterklassenfeindliche Elemente, die jedoch die siegreiche Sowjetarmee bei ihrem Kampf gegen den Faschismus unbewusst unterstützt hatten."[110]

Auch die Rezeptionsgeschichte von Robert Blum, dem Paulskirchen-Widerstandskämpfer von 1848/49, ist ein Beispiel der Auseinandersetzung um die „richtigen"/ „falschen" Motive bei (anerkannt) „richtigem" Handeln für die Freiheit.

„1988 wird in der DDR die Würdigung Blums durch seinen Biographen Siegfried Schmidt vorgenommen, wonach er

---

[107] Siehe wikipedia *20. Juli 1944 (20.07.2024 8.22 Uhr)*
[108] Ebda.
[109] Ebda.
[110] Ebda.

,befangen in seiner kleinbürgerlichen Lebenswelt ... das falsche politische Leben gelebt (habe), denn er sei dem Weg parlamentarischer Umgestaltung Deutschlands gefolgt und nicht der Logik des Klassenkampfes, aber im Kampf gegen Bourgeoisie und Aristokratie (sei er) dann doch (noch) den richtigen Tod gestorben.'[111]

Wenn Sie mich fragen ...
Ganz allgemein ist
„falsches" Bewusstsein und richtiges Tun wichtiger als
„richtiges" Bewusstsein und falsches Tun – oder?

Kalifornische Ideologie und der Zipfel-Mützen-Michel

So manchem, wenn er an die Deutschen denkt, kommt der Michel – eine Personifikations-Figur für die Deutschen seit der Renaissance – in den Sinn.

Symbol seiner Sehnsucht nach Schlaf und In-Ruhe-Gelassen-Werden-Wollen im privaten wie politischen Bereich ist seine Zipfel- und Schlafmütze. Die Abkehr vom Politischen scheint – wie im Biedermeier – aktuell eine Renaissance zu erleben.
Aber: Wissen ist Macht, Unwissen macht manipulierbar.

Macht und Ohn(e)macht
In einer Zeit, in der viele Bürger jeden Tag drei Mal ihren Kopf schütteln, weil sie bestimmte Entscheidungen, Verhaltensweisen und Verlautbarungen der Politiker – der Machthaber, zumindest auf Zeit – nicht verstehen, ist null Ahnung kontra-

---

[111] Link, Luise, Utopisch. Ideen und ihre Geschichten, Twentysix 2020, S. 148 (Zitation dort).

produktiv. Was diese Entscheidungsträger antreibt, ihre leitenden Überzeugungen und Interessen, sollte man versuchen zu ergründen. Von vielen wissen wir nicht einmal, dass es sie gibt.

Zum Beispiel …

Die Kalifornische Ideologie[112]
Ihre Anhänger glauben, ‚dass die Apps, Programme und Gadgets, die diese Firmen verkaufen, die Welt quasi von allein besser machen. Die Gründer und CEOs aus dem Silicon Valley sowie ihre Propagandisten wollen nichts weniger, als die Welt zu verändern, und sehen sich als Speerspitze einer solchen Bewegung. Da der Technikoptimismus der Kalifornier so unschuldig und fortschrittlich daherkommt, steht jede Kritik daran unter dem Verdacht, konservativ zu sein.

Der Presseclub nahm sich des Themas an, denn die Ausstrahlungskraft der Kalifornischen Ideologie ist äußerst stark.
Es wurde gefragt:
‚Wie gefährlich ist Googles Weg zur Weltmacht?‘

Inhalte der Kalifornischen Ideologie zu kennen, ist nötig, „*wenn wir nicht alle eines Tages in Googles Albtraum aufwachen wollen.*"[113]

Kapitalakkumulation

Nach Karl Marx ist die treibende Kraft im Kapitalismus die Erzielung von maximalem Profit.

---

[112]Siehe im Folgenden
https://zeitschrift-luxemburg.de/artikel/die-kalifornische-ideologie-und-die-linke/

[113]https://zeitschrift-luxemburg.de/artikel/die-kalifornische-ideologie-und-die-linke/

„Dazu investiert der Kapitalist sein Geld als Kapital in Maschinen, Material und Arbeitskräfte, um dann beim Verkauf der produzierten Erzeugnisse mehr Geld und damit einen möglichst hohen Mehrwert zu erzielen. Den erzielten Mehrwert verwendet der Kapitalist zum persönlichen Verbrauch und zum Kauf von neuen, besseren, moderneren Maschinen, mehr Material sowie für die Anstellung weiterer Arbeitskräfte. Ein Teil des erzielten Mehrwerts wird so ständig wieder in Kapital verwandelt. Damit vergrößert sich durch Akkumulation das Kapital des Unternehmers laufend. Nach der Theorie von Karl Marx führt die Akkumulation, verbunden mit der ständigen technologischen Verbesserung der Produktion, tendenziell zu fallenden Profitraten (Verzinsung), was eine beschleunigte Akkumulation durch Konzentration der Produktion und Zentralisation des Kapitals in wenigen Händen zur Folge hat."[114]

Was ist Kapitalismus?
Die Ausbeutung des Menschen durch den Menschen.
Und was ist Kommunismus?
Das Gegenteil.[115]

Kapitalismuskritik: Das beste Deutschland aller Zeiten oder Das ist jetzt mal weg?

Früher war alles besser, finden viele Ältere. Zugegebenermaßen – sie können es beurteilen, sie waren früher schon da und haben, anders als die Jungen, den Vergleich.

Zum Beispiel der Kapitalismus

---

[114] https://www.bpb.de/kurz-knapp/lexika/lexikon-der-wirtschaft/18566/akkumulation/
[115] Dalos, G., a.a.O., S. 41.

Den nannte man früher in Deutschland eher Soziale Markt-wirtschaft. Und diese gezähmte Art von Kapitalismus hatte viele Elemente, die Otto Normalverbraucher heute bei ihm irgendwie vergeblich sucht. Strenge Wettbewerbsregeln – Monopole, Oli-gopole, Preisabsprachen, marktbeherrschende Stellung, verboten oder überwacht.

Vor allem aber **die Trennung von wirtschaftlicher und poli-tischer Macht**.

Wenn nämlich beides plötzlich – durch NGOs, die eher zu GOs mutiert sind, mächtige Stiftungen, die über Geld-Pumpen ungeheuren Einfluss ausüben, den too-big-to-fail Grundsatz, der die Großen vorm Scheitern schützt – auf wundersame Weise vereint ist, geraten die freiheitlichen Versprechen der Marktwirt-schaft wie beispielsweise

- Konsumenten bestimmen über ihre **Nachfrage**, was pro-duziert wird

- Arbeitnehmer arbeiten dort, wo sie es sich aussuchen.

- Ressourcen werden über den Marktmechanismus spar-sam alloziert, nicht „Sinnvolles" wird ausgemustert

unter Druck.

Hört man den Predigern der Planwirtschaft wie der populä-ren Journalistin Ulrike Herrmann zu, scheinen diese Aspekte – wegen des Klimawandels – völlig vergessen zu werden.

Aber die Planwirtschaft hatte, daran sei zu erinnern, im real existierenden Sozialismus bereits ihre Chance. Und sie hat sie kräftig vergeigt.

Sieht auf den ersten Blick so aus, dass wir uns in einem un-auflöslichen Dilemma und einer **doppelseitigen Quetsch-Zange zwischen Neoliberalismus und der baldigen Wiederkehr des planwirtschaftlichen Sozialismus befinden**.

Der Liberalismus, wie er sich heute in seiner Neo-Form prä-sentiert, hat viele negative Elemente:

- „Machtklumpen", die sich der demokratischen Kontrolle völlig entziehen.
- „Philanthropen", die über ihre im Geld schwimmenden Stiftungen die öffentliche Meinung lenken und in Politik und Gesellschaft Einfluss nehmen.
- (N)GOs, die Umstürze orchestrieren sollen (wie man es der Soros-Stiftung nachsagt)?
- Marktbeherrschende Strukturen in vielen Feldern der Wirtschaft.
- Und so riesige Unternehmen, dass sie, wenn sie im Wettbewerb eigentlich gescheitert sind, von der Allgemeinheit und Steuergeldern gerettet werden müssen (too-big-to-fail).
- Die Ökonomisierung aller Wirtschaftsbereiche, aber auch der Aktivitäten, auch jener, die früher davon ausgenommen waren, wie beispielsweise die Versorgung mit lebenswichtigen Gütern (wie Wasser, Gesundheitseinrichtungen, Schule usw.), die selbstverständlich als hoheitliche Aufgabe in staatlicher Hand war. Die Universitäten waren in Forschung und Lehre hoheitlich; Drittmitteleinwerbung und damit Einflussnahme der Wirtschaft auf die Forschung waren ein Fremdwort.
- Und übrigens: Unsere Wirtschaft war nach zwei Katastrophen streng auf Frieden programmiert: Kriegsgewinnler[116] hatten sogar mit Gefängnis zu rechnen; keine Waffen in Kriegsgebiete usw. usw.

---

[116] https://www.welt.de/kultur/history/article13802168/Ihre-Staatsnaehe-wurde-den-Krupps-zum-Verhaengnis.html „Gleichwohl beteiligte sich der Konzern, der erst seit 1943 unter der alleinigen Führung von Alfried Krupp von Bohlen und Halbach stand, vorbehaltlos an der nationalsozialistischen Kriegswirtschaft und dem damit verknüpften System der Zwangsarbeit." Alfried Krupp wurde zu zwölf Jahren Gefängnis verurteilt.

- Was nicht vergessen werden sollte: Nicht wenige Kritiker behaupten, die Demokratie im neoliberalen Staat sei eine Fiktion; in Wirklichkeit regiere der Tiefe Staat, eine Allianz von Politik, Geheimdiensten und Wirtschaft …

Auf der anderen Seite materialisiert sich die heraufziehende Planwirtschaft, mit allen negativen Begleiterscheinungen, die der historisch Interessierte kennen könnte:

- Mangelwirtschaft
- Befehlswirtschaft von oben nach unten
- Einschränkung bis Aufhebung der Freizügigkeit der Arbeitnehmer
- Tendenz zu immer stärkerer Reglementierung, weil es keine „natürliche" Zielharmonie in den immer größer werdenden Gesellschaften und Staatenverbünden gibt
- Machtkonzentrierung in den Händen der „Elite", die die Ziele definiert
- Unmöglichkeit der (repräsentativen) Demokratie

An der Grenze DDR – BRD treffen sich zwei Löwen. Es entwickelt sich ein Gespräch.

Westlöwe: *„Na, wie geht es dir so im Osten?"*

Ostlöwe: *„Ach, ganz gut. Sie lassen mich weitgehend in Ruhe und außerdem bekomme ich jeden Tag meine acht bis zehn Kilo Apfelsinen und Bananen. Und wie geht es dir im Westen?"*

Westlöwe: *„Ich kann auch nicht klagen. Jeden Tag kriege ich meine acht Kilo Fleisch.*

Ostlöwe: „Na, weißt du, ich hätte natürlich auch gern jeden Tag mein Fleisch, aber ich habe die Planstelle von einem Schimpansen." [117]

Bei beiden Realitätsentwürfen, dem Neoliberalismus und dem planwirtschaftlichen Sozialismus, ließe sich die Liste der „Fehler" weiter fortsetzen.

Welche ersten Lösungsansätze fallen dem einigermaßen belesenen Laien, Otto Normalverbraucher, ein?

- Die Fehlentwicklungen des Kapitalismus wieder zurückdrehen?
- Player nicht so groß werden lassen, dass sie aus dem Wettbewerb ausscheiden können, too-big-to-fail werden?
- Steuergesetze?
- Wettbewerbsregeln?
- Zerschlagung und Entflechtung zu großer Wirtschafts-Imperien, wie damals der IG-Farben? [118]

---

[117] Damm, F., Wir dekorieren! 40 Jahre politischer Witz in der DDR, Fischer, Fischer, Frankfurt a.M. 2015

[118] https://www.ifz-muenchen.de/heftarchiv/1977_2_3_kreikamp.pdf; ebda:

„Ökonomische Maßnahmen sollten nach den anglo-amerikanischen Vorstellungen die politische Friedenssicherung „Ökonomische Maßnahmen sollten nach den anglo-amerikanischen Vorstellungen die politische Friedenssicherung gegenüber dem besiegten Deutschland ergänzen: ... die Auflösung **übermäßiger wirtschaftlicher Machtkonzentration**, d. h. die **Entflechtung** großer Konzerne in eine Vielzahl kleinerer selbständiger Unternehmen ohne eine grundlegende Veränderung der Eigentumsverhältnisse. ...Von diesen ordnungspolitischen Vorstellungen waren vornehmlich die Großkonzerne von Kohle und Stahl im Ruhrgebiet sowie der Chemiegigant I. G. Farbenindustrie

- Prüfen, ob all die ausgerufenen **Notstände, die zu bestimmtem Handeln zwingen**, wirklich welche sind?
- Die, die dann noch übrigbleiben, durch kluge Anpassung[119] oder technologische Offenheit in den Griff zu nehmen?

Auch bei den Lösungsansätzen ließe sich die Liste wohl beliebig fortsetzen.

Unsere Politiker, Philosophen, Ökonomen, Rechtswissenschaftler, Professoren könnten sich eigentlich mal wieder an die Arbeit machen …

Katastrophen: Immer mit der Ruhe oder blind hinein?

„Es ist leider keine gewagte Prognose mehr, dass Europa kurz vor einem großen Krieg steht."

https://www.t-online.de/nachrichten/id_91713038/russland-ukraine-krise-europa-steht-vor-einem-grossen-krieg.html

Regt sich nach zwei apokalyptischen Weltkriegen darüber noch jemand auf? Wird schon alles gutgehen …

A. G. betroffen, der mit 214 in- und 248 ausländischen Beteiligungen an Unternehmen unterschiedlicher Sparten außerordentlich weitgehend verflochten war und dadurch zumindest die Chemieindustrie Deutschlands eindeutig beherrschte."

[119] So fragt sich der Normalbürger oft, warum in Zeiten des Überflusses an Regen nicht effektiver für trockene Zeiten Reservoirs angelegt werden.

Meinungsäußerungen unterhalb der Strafbarkeitsgrenze sollen in Zukunft verfolgt werden, wenn es nach den Vorstellungen von Paus, Faeser, Haldenwang geht. Ist der Verfassungsschutz auf totalitären Abwegen, fragt demgemäß die Berliner Zeitung.

„Die Fehlentwicklung kulminiert gewissermaßen im neuen Phänomenbereich der ‚verfassungsschutzrelevanten Delegitimierung des Staates', … ‚eine rechtsstaatliche Sauerei'."

Wird schon alles nicht so schlimm werden, trifft ja im Moment nur die „bösen Rechten" …

Nach dem ganzen Tumult um die Correctiv-Vorwürfe schon wieder ein neuer Verdacht gegen die AFD! Spionageverdacht bei Europawahlkandidat Maximilian Krah. Sein Mitarbeiter Jiang Guo soll für China spioniert haben.

Nancy Faeser: *„äußerst schwerwiegende Vorwürfe"*

Habeck: *„Die Lage ist ernst."*

Ach, übrigens: Jiang Guo ist SPD-Mitglied und wird seit 2007 vom Verfassungsschutz als Informant geführt. Laut Tichys Einblick 06/24, S. 11.

Gemach, Gemach – immer mit der Ruhe, oder?

Kehrtwende?

Heute Morgen werden sich wohl einige FAZ-Leser die Augen gerieben haben[120].

Unter dem untenstehenden Link[121] den Artikel online aufzurufen, dauert ein bisschen, funktioniert aber.

---

[120] Der folgende Kommentar von Reinhard Müller findet sich am 20.10.2023 auf Seite 10 des Blattes.

[121] https://www.msn.com/de-de/nachrichten/politik/kommentar-zu-faeser-und-

Kommentar zu Faeser und Kriminalitätsstatistik: Der Stempel „rechts" (msn.com)

„Im Zweifel „rechts". Diese Zuordnung gilt bisher für antisemitische Straftaten, wenn sich aus den Umständen nichts Gegenteiliges ergibt. Das führt in der Kriminalitätsstatistik zu einer ansehnlichen vierstelligen Zahl von Delikten auf der „rechten" Seite – in Gegensatz zu nicht vielen Taten, die mit „ausländischer oder religiöser Ideologie" in Zusammenhang stehen, und ein paar ganz wenigen „linken" Straftaten.

Späte Einsicht ...
„Nach den mörderischen Attacken der Hamas soll das geändert werden.

Eine späte Einsicht, die aber nichts daran ändern dürfte, dass auch politisch weiter die Regel gilt: im Zweifel rechts, also rechtsextrem. Denn was einst als Ort in der Sitzverteilung im Parlament begann und dann etwa mit „konservativ" besetzt wurde, ist längst zum Synonym für radikal geworden – ein Stigma.[122] *Dieser oft und schnell vergebene Stempel ist gerade im Zuge einer zunehmenden Fragmentierung und des Erstarkens der äußeren Ränder des politischen Spektrums problematisch.*

Die echten Extremisten, von denen es fürwahr zu viele gibt, werden geradezu verharmlost, wenn alles Konservative und auch Liberale als im Zweifel rechts und damit im Zweifel als rechtsextrem gilt. Die Linken, die sich oft auch nicht mehr so nennen lassen wollen, sind längst in der gefühlten Mitte angekommen. Die „Rechten" sind außen

---

---

[122] Hervorhebung vom Verfasser.

vor. Dabei war der Begriff einst ein anderes Wort für „richtig". Heute ist es umgekehrt, und nicht nur die Linken haben daran ihren Anteil."

Wer denn noch, fragt man sich, wenn nicht nur die Linken daran ihren Anteil haben? Darauf gibt Reinhard Müller allerdings (noch) keine Antwort.

Kindheit, Jugend und Alter

Soweit wir die Menschheitsgeschichte zurückverfolgen können, ist sie gekennzeichnet durch Machtmissbrauch und Rechtlosigkeit. Der Kampf um die Emanzipation der Rechtlosen und die Beschneidung der Macht der Mächtigen kennzeichnet den Verlauf der Geschichte.

Die Befreiung der Unterdrückten verläuft in Stufen, die Jahrtausende, Jahrhunderte oder Dekaden dauerten. Für die Betroffenen mögen sie ewig erschienen sein.

Kinder hatten in den Anfängen keinerlei Rechte[123]
Schützten die leiblichen Eltern durch angeborene Zuneigung ihren Nachwuchs?
Wohl mehr als unvollkommen. Sowohl in der griechischen wie römischen Antike war es den Vätern – in eingeschränktem Maße auch den Müttern – erlaubt, die eigenen Kinder auszusetzen und sie damit dem Tode preiszugeben.
In der römischen Republik durfte der Pater familias sein Kind töten, ohne Strafe befürchten zu müssen. Behinderte Kinder waren von Rechtlosigkeit besonders betroffen. Noch Luther

---

[123] Siehe hierzu auch
https://de.wikipedia.org/wiki/Kindheit; https://de.wikipedia.org/wiki/Jugend;
https://de.wikipedia.org/wiki/Alter;
13.6., 17.42 Uhr

beispielsweise hielt sie für vom Teufel gezeugte Wesen, die man „ersäufen" sollte – ein Vorschlag, den die Fürsten von Anhalt aber ablehnten.[124]

Jugend, definiert als die Phase zwischen Kindheit und Erwachsensein, ist ein relativ junger Begriff.

Ab 1800 taucht er öfter auf, wird bald zunehmend negativ verwendet, Jugendliche aufgrund ihrer Unreife als durch Kriminalität und Verwahrlosung sowie sozialistische Ideen gefährdete Personen gesehen. Ab 1900, im Zuge der Jugendbewegung, wird der Begriff eher positiv besetzt, die Jugend als Motor der Geschichte gesehen.

Jugend als Chiffre für Dynamik, Neuerung und den Willen, verkrustete oder entfremdete Formen der Kultur zu überwinden, wurden von der älteren Generation schon früh genutzt, zum Beispiel im Jugendstil. Jugend und Jugendlichkeit wurde zu einem eigenen Wert, einer Art Jugendmythos, der bereits 1930 einen prominenten Kritiker fand, Ortega y Gasset:

„Ein Geist allgemeiner Hanswursterei weht durch Europa."

In der Lebensphase Jugend soll(t)en die Jugendlichen Fähigkeiten und Fertigkeiten in der Schule und Berufsausbildung erwerben. Erst durch die Industrialisierung schieden die Jugendlichen für diese Zeit aus dem Erwerbsleben aus, während sie in den vormals agrarischen Gesellschaften Wissen und Fähigkeiten durch frühesten Arbeitseinsatz erwarben.

Jugendlichkeit ist heute vor allem ein Ziel älterer Jahrgänge; man imitiert jugendliche Moden, aber auch Lebensstile der Jugend wie beispielsweise Spontaneität, dem Gegenpol zu Besonnenheit und Abwägen. Das findet auch Kritiker.

---

[124] https://katholisches.info/2017/07/26/martin-luther-ueber-behinderte-die-man-ersaeufen-sollte/ 11.06., 12.15 Uhr

„Der Jugendlichkeitswahn wird zum Wahn dann, wenn er von den Älteren propagiert wird. Jugend ist die Droge derjenigen, die nicht alt werden können.“[125]

Alter ist physiologisch die Lebensphase, in der die Kräfte des Menschen schwächer werden; sie endet mit dem Tod.

In den meisten Kulturen werden oder wurden die Alten mit Ehrerbietung behandelt, aufgrund ihrer Erfahrung, Reife und ihres Wissens als Ratgeber geschätzt.

„Trau keinem über dreißig“, *„Unter den Talaren Muff von tausend Jahren“* sind allseits bekannte Sprüche aus der 68-er-Generation und markieren, ebenso wie bekannte Buchtitel dieser Zeit, *„Sechzig Jahre und kein bisschen weise“* von Curd Jürgens oder dem Songtext *„Mit sechsundsechzig Jahren, da fängt das Leben an“* von Udo Jürgens Veränderungen des Fremd- und Selbstbildes alter Menschen.

Henry Kissinger, die USA und der Ukrainekonflikt: Hat die „Wahrheit“ viele Facetten?

„Die einen haben ihn bewundert, die anderen verachtet: Der frühere US-Außenminister Henry Kissinger (im November 2023 im Alter von 100 Jahren gestorben) war der vielleicht berühmteste Diplomat in der US-Geschichte.“[126]

---

[125] Kreissl, R., Methusalem in Disneyland, https://www.deutschlandradio.de/archiv/dlr/sendungen/feuilleton/351922/index.html; 13.6., 8.30 Uhr

[126] https://www.br.de/nachrichten/deutschland-welt/henry-kissinger-ist-tot-aussenpolitiker-und-machtmensch,Tx3X58U

„Mit seiner Realpolitik veränderte er den Lauf der Geschichte – für die einen ist er deswegen ein großer Staatsmann, für andere ein Kriegsverbrecher. Henry Kissingers außenpolitische Ideen kann man vor dem Hintergrund eines großen Streits verstehen: " [127] *...*

W(.)arum begann der Kalte Krieg?

„Die eine Seite sah die Schuld ausschließlich bei der Sowjetunion: Stalins Ziel sei es, ganz Europa zu unterwerfen und die kommunistische Ideologie zu verbreiten.

Eine linke Schule sah die Verantwortung eher bei den eigenen Regierungen: Durch ihre Expansion und ihr Machtstreben seien die USA schuld an der Entwicklung des Kalten Krieges.“ ...

Interessen „first", Moral „second"

„Dieser Einseitigkeit der beiden Ansätze stand Kissinger mit seiner Realpolitik gegenüber. ...

Den Kalten Krieg sah Kissinger schlicht als Folge der Machtverteilung nach dem Zweiten Weltkrieg. Die USA sollten in diese Situation die Rolle einer Ordnungsmacht einnehmen, die sich in ihrer Außenpolitik nicht auf Ideologie, sondern auf Interessen stützt. [128] [129] ...

---

[127] Die folgenden Zitate finden sich bei
https://www.br.de/nachrichten/deutschland-welt/kissingers-realpolitik-friedensstifter-oder-kriegsverbrecher,Tx6FdFH

[128] Kissingers Rolle im Vietnamkrieg, vor allem die vor dem Kongress geheim gehaltenen Luftangriffe auf Laos und Kambodscha, waren sehr umstritten. „Deswegen begannen die USA die Bombardements auf den Norden Vietnams massiv auszuweiten und auch Kambodscha und Laos aus der Luft anzugreifen, weil sich dort nordvietnamesische Truppen aufhielten. Diese Angriffe liefen weitgehend im Geheimen statt, der Kongress, der hätte informiert werden müssen, wurde es nicht. Für nicht wenige gilt Kissinger deswegen als ein Kriegsverbrecher." (siehe ebda.)
[129] Das Prinzip in der Außenpolitik lautete: Interessen „first", Moral „second"! (ebda.)

Kissinger und der Ukrainekrieg

„Was seine Realpolitik im Ukraine-Krieg bedeuten würde, das hatte (Kissinger) vor kurzem noch selbst kundgetan. ‚Ich glaube daran, dass ein Ende der Kämpfe möglich ist, wenn die Vorkriegslinie erreicht ist', sagte Kissinger Anfang dieses Jahres bei einer Videoschalte zum Weltwirtschaftsforum in Davos. Gemeint war der Frontverlauf entlang der 2014 von Russland völkerrechtswidrig annektierten Krim und der von prorussischen Separatisten kontrollierten Gebiete in Donezk und Luhansk. Heißt: Ein Waffenstillstand und Russland solle Teil(e) der Ukraine bekommen. Eine Haltung, die fundamental von der heutigen US-Regierung und auch den allermeisten Regierungen in Europa abweicht." ...

Donald Trump, u.U. der neue zukünftige Präsident der USA, ist allerdings der Meinung, dass „Teile der Ukraine und die Krim" zu Russland gehören.[130]

Wieviel Blut wird noch vergossen, bis wir wissen, wie der Frieden für die Ukraine aussehen wird?

Klimageschichte

Dass Klima und Geschichte zusammenhängen (können) – diese Erkenntnis ist noch jung.

Verlässliche wissenschaftliche Daten, Proxys genannt, existieren erst seit der Mitte des neunzehnten Jahrhunderts:

---

[130]   https://www.news.de/politik/857712378/donald-trump-entsetzt-ukraine-und-krim-gehoeren-zu-russland-ex-praesident-stimmt-wladimir-putin-zu-laut-ex-beraterin-fiona-hill/1/

Baumringe, Eisbohrkerne, Pollen, Isotopenanalysen. Geologische Klimazeugen wie Grundmoränen oder Gletscherschliffe fanden schon früher Beachtung. Die Historische Klimatologie untersucht die Entwicklung, Schwankungen und Auswirkungen des irdischen Klimas in Epochen der jüngeren Vergangenheit, die Paläoklimatologie in geologischen Zeiträumen.

Grundprinzip des Klimas ist der Klimawandel, der Wechsel von Warmzeiten zu Zeiten mit Vereisung (Eiszeiten). Auch innerhalb dieser Großabschnitte ist das Klima nicht homogen, sondern häufiger Veränderung unterworfen.

Bis dato besonders gut untersucht sind die Zusammenhänge zwischen Klima und kultureller Entwicklung in Europa und bis zurück zum mittelalterlichen Wärmeoptimum.

Was weiter zurückliegende Epochen und andere Kontinente betrifft, hat die Forschung begonnen.

Dass der Hexenwahn besonders stark in der sogenannten „Kleinen Eiszeit" wütete, dass die Völkerwanderung von Nord nach Süd nach dem Römischen Wärmeoptimum durch die kälter werdenden Temperaturen ausgelöst wurde, das alles ist uns erst seit einigen Jahrzehnten bekannt.[131]

Die *Klimakleber*, die sich auch *Letzte Generation*[132] nennen, sind eine Erscheinung der jüngsten Zeit.

Dominik Jung, der bekannte Meteorologe von *wetter.net*, steht am 29.12.2022 vor einem *feuerrot* eingefärbten Planeten.

---

[131] Siehe z.B. Behringer, W., Kulturgeschichte des Klimas. Von der Eiszeit bis zur globalen Erwärmung, 7.Aufl., München 2019
Blom, P., Die Welt aus den Angeln. Eine Geschichte der Kleinen Eiszeit von 1570 bis 1700 sowie der Entstehung der modernen Welt, verbunden mit einigen Überlegungen zum Klima der Gegenwart, Carl Hanser Verlag München 2017
[132] weil 2040, 2050 die Erde wegen der Klimaerhitzung unbewohnbar sein wird?

Er sagt voraus, dass die Durchschnittstemperaturen im Januar und Februar erhöht sein werden. Klimaerwärmung - oder doch schon Klima*erhitzung*?

Vor kurzem prophezeite er allerdings für die Zeit vor und nach Silvester noch eine *Rekordkälte* von minus 40 Grad. Unter Chaos, Katastrophe, vielleicht auch schon *Apokalypse?* geht es anscheinend für so manchen Wetterfrosch nicht ...

Gewarnt werden wir heute nicht nur vor Sturm, sondern auch vor Wind, nicht nur vor Wolkenbrüchen, sondern auch vor Regen, vor Frost und Hitze.

Da kann man schon Angst kriegen ...

Konsensgesellschaft als Ziel?

Auseinandersetzung um den besten Weg noch erwünscht?

Die neuen Polit-Talkshows

Wer in heutige Polit-Talkshows schaut, reibt sich oft die Augen, so wie der Esel Benjamin, der die Welt nicht mehr versteht, in *Die Farm der Tiere*.

Da sitzen die Eingeladenen und sind bis auf winzige Nuancen einer Meinung. Von Pro und Contra, so wie früher gleichgewichtig besetzt, mit einem neutralen Moderator, keine Spur. Was soll das bringen? Bessere Lösungen, tiefere Einsichten – ist es nicht unsere gesellschaftliche und persönliche Erfahrung, dass die sich nur im Widerstreit finden lassen?

Sahra Wagenknecht war eingeladen

Nun hatte Anne Will[133] es überraschenderweise mal wieder gewagt. Sahra Wagenknecht war eingeladen. Und die hat ja nun mal zum Ukraine-Konflikt und den Wirtschafts-Sanktionen gegen Russland eine andere Meinung, wie jeder schon vorher wusste. *Vier oder fünf gegen einen*, so hätte die Veranstaltung durchaus heißen können.

Trotzdem fehlten nicht wenige Stimmen im Netz, die Wagenknechts Einladung – auch bei diesem Stimmenverhältnis – überhaupt für falsch hielten.

Andere Meinungen ausblenden?
Woran mag das liegen, dass der Widerspruch, die andere Meinung, zunehmend ausgeblendet werden soll?

Ist man zu argumentationsschwach, hat man Angst, die Zuseher könnten auf Ideen kommen?

Welcher Idealtypus von Bürger sitzt in den Köpfen oder welcher Idealtypus soll geschaffen werden?

Noch der *freie, mündige* Bürger, der sich selbst eine Meinung bildet und unabhängig entscheidet, der *Souverän*?

Konservativ

Im Begriffspaar konservativ versus progressiv hat progressiv in der aktuellen politischen Diskussion stets die Nase vorn.

Konservativ – da denkt man doch an die ewig Gestrigen, die Rückwärtsgewandten, die sich der Fortentwicklung der Gesell-

---

[133]https://www.rnd.de/medien/anne-will-debatte-historiker-rechnet-mit-sahra-wagenknecht-wegen-ukraine-krieg-ab- LPDZC2CXPZH2PFAE5MX3MW2J7U.html

schaft in den Weg stellen. Meist sind sie verdächtig, ihre eigenen Interessen oder die ihrer Parteigänger schützen zu wollen.

Egoismus statt Altruismus!

Konservativ fast ein Schimpfwort?

Ist das berechtigt?

Konservativ heißt zunächst einmal: bewahren wollen.

Ist der Zustand, an dem der Konservative festhalten will, für viele oder gar für die meisten überwiegend gut, ist Konservatismus eine sinnvolle Haltung. Der Progressive würde diesen erhaltenswerten Zustand kaum verbessern, sondern ihn eher zerstören.

Kontaktschuld?

Es hagelte heftige Kritik aus einigen politischen Ecken (z.B. von Frau Künast – Die Grünen), weil sich Theo Müller, der 83jährige Besitzer von Müller Milch, in Cannes mit Alice Weidel, eine der zwei Vorsitzenden der AFD, getroffen hatte.

Er habe sich nur über ihre politischen Überzeugungen informieren lassen wollen, verteidigte sich der Unternehmer. Spenden seien nicht geflossen – das betonten Müller und Weidel unisono.

Das Verbot, sich mit Geächteten oder in Ungnade-Gefallenen sehen zu lassen, ihnen Unterschlupf oder Unterstützung zu gewähren, gab es am Beginn der Neuzeit im 16. Jahrhundert (Vogelfreiheit).

Das auch als „Kontaktschuld" bezeichnete, mit Sanktionen bis hin zum Tod belegte „Verbrechen", gab es im Dritten ebenso wie im stalinistischen Sowjet-Reich.

Jan Fleischhauer äußerte sich 2019 zur *Kontaktschuld* im Spiegel.[134]

„Darf man als SPIEGEL-Redakteur an einer Geburtstagsfeier teilnehmen, zu der auch Menschen mit rechter oder sogar rechtsradikaler Gesinnung eingeladen sind? ... In einem Fragenkatalog verlangte er (Jan Böhmermann) von meiner Chefredaktion Auskunft, ob sie vorab Kenntnis von der Zusammenkunft[135] gehabt habe und wie sie es bewerte, wenn Redaktionsmitglieder "mit Neonazis Party machen"...Das ist ja der Vorwurf: Wer mit solchen Leuten auf einer Geburtstagsfeier zusammenstehe, normalisiere rechtes Denken und trage es damit in die bürgerliche Mitte.

Wenn man diesen Gedanken zu Ende denkt, dann ist jeder Kontakt, und sei er noch so zufällig, ein Schuldbeleg. Im Prinzip reicht es schon, dass man sitzen bleibt, wenn einer mit der falschen Gesinnung an den Tisch tritt. ...

Das Denken der Segregation verlangt nach rigiden Entscheidungen. Sein Ziel ist die Isolation des Menschen, der als Gegner identifiziert wurde. Freundschaft, Familie, Loyalität - das alles steht dabei im Weg. ...

Man darf sich nicht täuschen lassen. Die Verdächtigungen und Denunziationen haben Konsequenzen. ... Heute ist es eine Geburtstagsfeier, bei der man gesehen wurde, morgen eine Beerdigung. ... Ich will nicht in einer Gesellschaft leben, in der die Frage, ob man an der Geburtstagsparty eines Freundes teilnimmt, zur Mutprobe wird."

Andere Prominente hat der Vorwurf der Kontaktschuld auch schon betroffen. Harald Schmidt beispielsweise, zu sehen auf

---

134

https://www.spiegel.de/politik/deutschland/mitrechtenfeiern-kontaktschuld-kolumne-von-jan-fleischhauer-a-1257762.html

[135] Fleischhauer hatte an der Geburtstagsparty seines Kollegen und Freundes Matthias Matussek teilgenommen.

einem gemeinsamen Foto mit Matussek und Hans-Georg Maaßen bei einer Weltwoche-Party...

Na ja, vielleicht muss man sich heute, nach weiteren fünf Jahren, sogar gut überlegen, ob man Jan Fleischhauer noch zitieren darf, oder? Beim Spiegel ist er nicht mehr ...

Krampfhuhnismus

Männer sind häufig cool, Frauen meistens engagiert.

Nicht selten führt das beim weiblichen Geschlecht zum Spannungskopfschmerz, dem unverwechselbaren Symptom des Krampfhuhnismus.

Zur Linderung empfiehlt sich der gelegentliche Verzicht auf jegliche Nachrichten. Hat man den ersten Tag geschafft, geht es von da an ganz einfach. Keine Tagesschau, Zeitung beim Frühstück links liegen lassen, keine Talkshows! Denn: Keine Nachrichten = gute Nachrichten!

Vor zu viel Lesen muss ohnehin gewarnt werden. Schon Schopenhauer meinte, Sich-Dumm-Lesen sei weitverbreitet ...

Krieg - eine der Geißeln der Menschheit ...

Präambel zur Charta der Vereinten Nationen, 1945
„Wir, die Völker der Vereinten Nationen, sind fest entschlossen, künftige Geschlechter vor der Geißel des Krieges zu bewahren, die zweimal zu unseren Lebzeiten unsagbares Leid über die Menschheit gebracht hat."

Erich Maria Remarque, 1929

„Ein Befehl hat diese stillen Gestalten zu unseren Feinden ge-
macht; ein Befehl könnte sie in unsere Freunde verwandeln. An irgend-
einem Tisch wird ein Schriftstück von einigen Leuten unterzeichnet,
die keiner von uns kennt, und jahrelang ist unser höchstes Ziel das[136],
worauf sonst die Verachtung der Welt und ihre höchste Strafe ruht.“[137]

Krieg – können wir das schon wieder?

Können wir Krieg?

Diesen Fernsehsendungs-Titel entdeckte ich vor Kurzem, ich traute meinen Augen nicht, in der abendlichen Glotze.

Nie wieder Krieg - vorbei?

Für jemanden, der in der Bonner Republik aufgewachsen ist, war die Rolle rückwärts in längst vergangen geglaubte Zeiten gewöhnungsbedürftig.

Pazifismus ist nicht nur etwas für Friedenszeiten.

Pazifismus ist – nämlich – nicht nur etwas für Friedenzeiten, wie Herr Habeck jüngst meinte. Im Gegenteil.

Gerade in schwierigen Zeiten – wir sind ja noch nicht Kriegspartei, wie unsere Regierungsoberen versichern, oder doch schon? – sollte über Waffen, über immer mehr Waffenproduktion und Waffenlieferungen als Lösungsansatz kritisch nachgedacht werden.

Wo bleibt unsere Erziehung?

Den Deutschen hatte man nach zwei grässlichen Kriegen Friedfertigkeit verordnet, sie sollten eigentlich keine Waffen mehr produzieren können, Atomwaffen auf keinen Fall besitzen

---

[136] das Töten

[137] Der Protagonist Paul Bäumer in Remarque, E. M., Im Westen nichts Neues, 14. Aufl. Kiepenheuer und Witsch 2020, S. 172.

und so weiter. Warum wohl? Und jetzt sollen wir wieder „Verantwortung" übernehmen?

Jahrestag

Am 18. Februar 2024, jährt sich die Sportpalastrede des Reichspropagandaministers Josef Goebbels (Ministerium für Volksaufklärung und Propaganda) zum einundachtzigsten Mal.

„Wollt ihr den totalen Krieg?"

„Ja!", fünfzehntausend sorgsam ausgesuchte Parteigenossen und Teilnehmer jubeln, schreien, klatschen, springen auf, zeigen den Hitlergruß. Mit Propaganda versucht Goebbels die Bevölkerung nach der Katastrophe von Stalingrad zum Durchhalten, zum Ertragen von noch mehr Leid zu bewegen. Perfide Manipulation.

Konsens

Nach zwei Jahrhundertkatastrophen gab es weit über Deutschland hinaus einen fast Welt-umspannenden Konsens: Nie wieder Krieg! Mit diesem Motto wurden wir, die kurz nach dem Zweiten Weltkrieg Geborenen, viele Jahrzehnte erzogen. Nie wieder Krieg!

Warum gibt es denn überhaupt noch Kriege? fragt der Autor Jonas Tögel.[138]

„Wie konnten sie geschehen, und warum ist es bis heute möglich, Kriege zu führen, obwohl sie unmoralisch, grausam und für die große Mehrheit der Bevölkerung zum Nachteil sind und gegen das Völkerrecht verstoßen?"

Der Autor erläutert einen der Gründe:

„Hierbei wird eine Perspektive gerne vergessen, nämlich der Aspekt der Kriegspropaganda. Die gezielte psychologische Beeinflussung

---

[138] Tögel, J., Kognitive Kriegsführung, Westend, 6. Aufl. 2023, S. 10.

der Gedanken und Gefühle der Menschen ist spätestens seit dem Ersten Weltkrieg nicht nur eine wissenschaftliche Disziplin, sie hat auch maßgeblich dazu beigetragen, dass Kriege möglich waren und es bis heute sind. ... Die modernste und fortschrittlichste Form dieser Kriegsführung heißt Cognitive Warfare oder zu Deutsch Kognitive Kriegsführung. "

Krieg und Frieden

In Deutschland hören wir, wir müssten nun innerhalb von fünf Jahren kriegstüchtig werden.

Die Auseinandersetzung mit Russland in der Ukraine könne noch Jahrzehnte dauern. Düstere Aussichten, oder?

Im Deutschlandfunk machte man sich Gedanken, wie Frieden entstehen kann.[139]

„Wie enden Kriege?

Kriege können auf ganz unterschiedliche Weise enden. Sei es durch **Kapitulation, ein militärisches Patt oder auch die Intervention Dritter.** *Eher selten kommt es vor, dass eine Kriegspartei militärisch geschlagen ist und ihre Niederlage anerkennt.*

Laut dem Konfliktforscher Thorsten Bonacker ist das nur bei 20 Prozent aller Kriege der Fall. "

Müssten da nicht, falls diese Analyse zutreffend ist, bezogen auf den Ukraine-Krieg, bei allen Politikern und Bürgern die Alarmglocken läuten?

Hochdruck für Diplomatie und Verhandlungen, bevor die Ukraine völlig entvölkert und zerstört ist, bevor vielleicht durch Zufall oder Dummheit der letzte Weltkrieg, der atomare, die Menschheit vernichtet hat?

Denn, man merke, nur ein Fünftel aller Kriege wird durch einen militärischen Sieg einer Partei beendet!

---

[139]   https://www.deutschlandfunk.de/wie-entsteht-frieden-100.html?utm_source=pocket-newtab-de-de

Eine Anleitung, wie man Frieden oder wenigstens einen Waffenstillstand zustande bringen könnte, liefert der Konfliktforscher auch:

- Kommunikation und Vermittler,
- Vertrauen in den Kriegsgegner,
- geringe Chancen auf den Sieg,
- Abbau von Feindbildern.

1. Kommunikation und Vermittler

a.   Eine zentrale Voraussetzung für Frieden ist, dass die Gegner miteinander sprechen, erklärt der Historiker Jörn Leonhard: „Kein Frieden ohne Kommunikation". „Man muss die Kommunikationskanäle offenhalten, so schwer das fällt", sagt er. Je mehr Kriegsverbrechen begangen wurden, umso schwieriger werde dies allerdings.

b.   Daneben brauche es Vermittler, zumal für einen wirklich stabilen Frieden.

2. Vertrauen in den Kriegsgegner

Eine Voraussetzung für Friedensverhandlungen ist laut dem Konfliktforscher Thorsten Bonacker das Vertrauen darin, dass der Gegner es mit den Vereinbarungen ernst meint.[140]

3. Geringe Chancen auf Sieg

a.   Wie die Chancen auf Frieden stehen, hängt auch davon ab, wie eine Konfliktpartei ihre Erfolgsaussichten auf dem Schlachtfeld einschätzt.

Schwinde der Glaube an den Sieg, stiegen die Chancen auf eine Friedenslösung, so der Historiker Leonhard.

---

[140] *Dass A. Merkel zum Beispiel zugab, das Minsker Abkommen nur geschlossen zu haben, um die Ukraine aufrüsten zu können, war in diesem Zusammenhang sicher nicht hilfreich!*

4.   *Abbau von Feindbildern*

Alle Kriege verursachen unendliches Leid, auf jeder Seite, sind immer schlecht, auch die sogenannten gerechten und am Ende stehen immer Verhandlungen! Warum konzentrieren die Politiker nicht **alle Kraft** auf einen Versuch zu Verhandlungen statt immer mehr Waffen?

Im Kriege ist körperliche Abwesenheit besser als Geistesgegenwart.

Gustav Heinemann[141]

Krieg, Kriegsangst, Protest

*Die Gruppe Bots kam 1974, vor genau fünfzig Jahren, zusammen und veröffentlichte zunächst nur Lieder in niederländischer, später auch deutscher Sprache. Die Texte waren überwiegend politisch, sozialkritisch und von der Friedensbewegung der 1970er Jahre beeinflusst. 1982 traten sie beim Liedercircus im Rahmen der Frankfurter Buchmesse mit ihrem Lied **Das weiche Wasser** auf.*

Europa hatte zweimal Krieg
Der dritte wird der letzte sein.
Gib bloß nicht auf, gib nicht klein bei
Das weiche Wasser bricht den Stein.

Die Bombe, die kein Leben schont
Maschinen nur aus Stahlbeton
Hat uns zu einem Lied vereint.
Das weiche Wasser bricht den Stein.

---

[141] Brandt, W., a.a.O., S. 52.

Refrain 2x

Es reißt die schwersten Mauern ein
Und sind wir schwach und sind wir klein
Wir wollen wie das Wasser sein
Das weiche Wasser bricht den Stein.

Raketen stehn vor unsrer Tür
Die soll'n zu unserm Schutz hier sein.
Auf solchen Schutz verzichten wir
Das weiche Wasser bricht den Stein.

Refrain 2x

Die Rüstung sitzt am Tisch der Welt
Und Kinder, die vor Hunger schrei'n.
Für Waffen fließt das große Geld
Doch weiches Wasser bricht den Stein.

Komm, feiern wir ein Friedenfest
Und zeigen, wie sich's leben lässt
Mensch! Menschen können Menschen sein
Das weiche Wasser bricht den Stein.[142]

Pazifistische Mahnungen waren nach dem Zweiten Weltkrieg zahlreich.

Die meisten Schulkinder hatten Texte von ihm gelesen: dem deutschen Schriftsteller Wolfgang Borchert (1921-1947).

---

[142] Siehe wikipedia *Bots*.

Er kannte den Krieg und seine Schrecken aus eigenem Erleben, Schrecken, die nicht einmal mit seinem Ende aufhörten. Die deutschen Lehrpläne sahen eine Beschäftigung mit Borcherts Aussagen vor, jedes Kind sollte davon wissen.

„Sein schmales Werk von Kurzgeschichten, Gedichten und einem Theaterstück machte Borchert nach dem Zweiten Weltkrieg zu einem der bekanntesten Autoren der Trümmerliteratur. Mit seinem Heimkehrerdrama **Draußen vor der Tür** *konnten sich in der Nachkriegszeit weite Teile des deutschen Publikums identifizieren. ... Der Vortrag der pazifistischen Mahnung* **Dann gibt es nur eins!** *begleitete viele Friedenskundgebungen."*[143]

»Dann gibt es nur eins! «[144]

Du. Mann an der Maschine und Mann in der Werkstatt. Wenn sie dir morgen befehlen,

du sollst keine Wasserrohre und keine Kochtöpfe mehr machen -

sondern Stahlhelme und Maschinengewehre. dann gibt es nur eins:

Sag NEIN!

---

[143] wikipedia

[144] https://www.nationaltheater-weimar.de/dokumente/wolfgang_borchert_dann_gibt_es_nur_eins.pdf; Layoutveränderungen und Hervorhebungen vom Autor.

Du. Mädchen hinterm Ladentisch und Mädchen im Büro.
Wenn sie dir morgen befehlen,
dann gibt es nur eins:
du sollst Granaten füllen und Zielfernrohre für Scharfschüt-
zengewehre montieren,
dann gibt es nur eins:
Sag NEIN!

Du. Besitzer der Fabrik. Wenn sie dir morgen befehlen,
du sollst statt Puder und Kakao Schießpulver verkaufen,
dann gibt es nur eins:
Sag NEIN!

Du. Forscher im Laboratorium. Wenn sie dir morgen befehlen,
du sollst einen neuen Tod erfinden gegen das alte Leben,
dann gibt es nur eins:
Sag NEIN!

Du. Dichter in deiner Stube. Wenn sie dir morgen befehlen,
du sollst keine Liebeslieder, du sollst Hasslieder[3] singen,
dann gibt es nur eins:
Sag NEIN!

Du. Arzt am Krankenbett. Wenn sie dir morgen befehlen,
du du sollst die Männer kriegstauglich schreiben, dann gibt
es nur eins:
Sag NEIN!

Du. Pfarrer auf der Kanzel. Wenn sie dir morgen befehlen,
du sollst den Mord segnen und den Krieg heilig sprechen,
dann gibt es nur eins:
Sag NEIN!

Du. Kapitän auf dem Dampfer. Wenn sie dir morgen befehlen,
du sollst keinen Weizen mehr fahren - sondern Kanonen und
Panzer, dann gibt es nur eins:
Sag NEIN!

Du. Pilot auf dem Flugfeld. Wenn sie dir morgen befehlen,
du sollst Bomben und Phosphor über die Städte tragen, dann
gibt es nur eins:
Sag NEIN!

Du. Schneider auf deinem Brett. Wenn sie dir morgen befehlen,
du sollst Uniformen zuschneiden, dann gibt es nur eins:
Sag NEIN!

Du. Richter im Talar. Wenn sie dir morgen befehlen,
du sollst zum Kriegsgericht gehen, dann gibt es nur eins:
Sag NEIN!

Du. Mann auf dem Bahnhof. Wenn sie dir morgen befehlen,
du sollst das Signal zur Abfahrt geben für den Munitions-
zug und für den Truppentransport, dann gibt es nur eins:
Sag NEIN!

Du. Mann auf dem Dorf und Mann in der Stadt. Wenn sie morgen kommen
und dir den Gestellungsbefehl bringen, dann gibt es nur eins:
Sag NEIN!

Du. Mutter in der Normandie und Mutter in der Ukraine,
du, Mutter in Frisko und London, du, am Hoangho und am Mississippi,
du, Mutter in Neapel und Hamburg und Kairo und Oslo –
Mütter in allen Erdteilen, Mütter in der Welt, wenn sie morgen befehlen,
ihr sollt Kinder gebären, Krankenschwestern für Kriegslazarette
und neue Soldaten für neue Schlachten,
Mütter in der Welt, dann gibt es nur eins:
Sagt NEIN! Mütter, sagt NEIN!

Pazifistische Mahnung: Karl Valentin und die Weltpolitik, entstanden zwischen 1916 und 1920[145]

Bei einer Reichstagswahl hat sich einmal jemand den Jux erlaubt, mich als Kaiser des deutschen Reiches zu wählen. ...
Ich möchte zwar nie Herrscher sein über Länder und Reiche, aber eines möchte ich – nur eines. Einmal möchte ich reden dürfen in einer Völkerbundsitzung in Genf, und allen den Großen, die da immer zusammenkommen, möchte ich etwas sagen, was sie noch nie gehört haben.
Meine hohen Herren – würde ich sagen!

---

[145] Schweiggert, A., a.a.O., S.44ff.

Wiederum sitzen Sie heute beisammen, um den ewigen Weltfrieden zu besprechen, wiederum werden Sie es nicht fertigbringen[146], den Weltfrieden unter den Völkern zu sichern, das heißt – Sie finden keine Mittel und Wege, die blutigen Kriege aus der Welt zu schaffen. Es ist traurig, dass Sie ausgerechnet gerade mich dazu brauchen …

Aber ich kenne Ihre Verzweiflung und erlaube mir, in dieser wichtigen Weltsache ein Wort dreinzureden. Ich weiß ja schon im Voraus, dass ich für meinen wohlmeinenden Vorschlag (Abschaffung des blutigen Krieges) nur Ihre werte Lächerlichkeit auf mich nehmen muss. Das schadet nichts – nein, gar nichts – denn tausend andere werden sich an meiner Idee erfreuen.

Leider muss ich mich an die hässlichen Worte klammern:

‚Solange es Menschen gibt, wird es Kriege geben!' –

Aber, wenn es schon nicht anders sein kann – dann wenigstens keine blutigen Kriege. …

Aus den kommenden Kriegen (sollen) Sportfeste zum Heile der ganzen Menschheit auf Erden werden.“[147]

Kurswechsel – „Selbstmord durch Krieg" oder „Überleben durch Frieden"?

„Aus Deutschland gelieferte Waffen für Angriffe auf Ziele in Russland - das war für die Ukraine lange tabu. Angesichts der aktuellen Entwicklungen an der Front gibt es nun einen Kurswechsel.“

https://www.tagesschau.de/inland/innenpolitik/ukraine-waffen-deutschland-102.html

---

[146] Neue Rechtschreibung und Layoutveränderungen im Folgenden vom Autor.
[147] Schweiggert, A., Karl Valentin und die Politik, Verlag Sankt Michaelsbund 2011, S. 44ff.

Rückt die „finale" Konfrontation zwischen den USA und ihren Verbündeten und Russland immer näher? Was wird dann aus Europa?

1990 schreibt der Flottillenadmiral Elmar Schmähling:[148]

*„Die Alternative zum ‚nuklearen Selbstmord‘, der mit jedem militärischen Konflikt in Europa heute unauflöslich verbunden wäre, lautet nicht ‚konventionelle Vernichtung‘. ... Die Nuklearapologeten der NATO drohen mit der Scheinalternative ‚Kriegsverhinderung durch nukleare Abschreckung‘ oder ‚konventionelle Kriegsführungsfähigkeit‘[149] Die wahre Alternative aber heißt , **‚Selbstmord durch Krieg‘** oder **‚Überleben durch Frieden‘**."*

Gehen wir schlafwandelnd in den Untergang?

Last Generation

Ist an dem Begriff vielleicht mehr und ganz etwas anderes dran, als die grünen Klimakleber meinten?

So sah es ein Leser der Nachricht, dass Wiesbaden Nato-Hauptquartier für die Koordination der Ukraine-Unterstützung wird; Deutschland rückt immer mehr ins gefährliche Zentrum des Krieges.

---

[148] Schmähling, E., Der unmögliche Krieg. Sicherheit und Verteidigung vor der Jahrtausendwende, Econ 1990, S. 302.

[149] In neudeutscher Diktion „Kriegstüchtigkeit".

- Ist „Putin (wirklich?) zu feige für die Atombombe", wie Agnes Strack-Zimmermann einst meinte?
- Wird er vielleicht irgendwann konventionell reagieren?
- Wird es in Deutschland dann auf dem Schlachtfeld Europa tatsächlich die *letzte Generation* sein, die – allerdings nur von anderen – zu beklagen ist?

Vor einiger Zeit kursierte ein Witz in den sozialen Medien:

„Ich mach dich fertig", sagte die Ameise zum Bären.

Geht's für den deutschen Michel wieder schlafwandelnd in den Krieg?

Krisenmodus, Notstandsgesetze und die Freiheit

Das Wort des Jahres 2023 ist kürzlich von der Gesellschaft für deutsche Sprache gekürt worden: **Krisenmodus** *landete auf Platz 1*[150]. *Es spiegele die Realität wider, sei am meisten präsent in der öffentlichen Diskussion, mache Angst und provoziere Ohnmachtsgefühle, so die Jury.*

Perma-Pandemien und mehr
Könnte sein. Wir hören nach der Corona-Krise in den Medien vom beunruhigenden Heraufziehen von Perma-Pandemien, von permanenter Erderwärmungs-Klima-Krise bei Dürre, Hitze, Regen, Schnee, Kälte und Eis, Ukraine- und Gaza-Krise und – nach dem verheerenden Abschneiden bei Pisa – scheint auch die Bildungskrise in Deutschland mittlerweile permanent.

---

[150] https://www.google.com/search?client=firefox-b-d&q=Krisenmodus+Wort+des+Jahres+2023

Innere und äußere Notstände
verlangen nach staatlichen Maßnahmen.

Jede Krise erhöhe die Macht des Staates, so *Klaus Schwab*, der Gründer des *WEF* in seinem Buch *The Great Reset*.[151] Für „den Staat" sind Krisen also nicht (nur) schlecht. Vielleicht hörten wir deshalb die fast euphorischen Bekundungen vom großen (großartigen?) Umbruch, *The **great** reset*, der nach Ende der Corona-Krise möglich sein werde.

Hüter der Erinnerung: Ein Blick zurück auf die "Notstandsgesetze"

Als 1968 die Notstandsgesetze verabschiedet wurden, hatte Deutschland eine zehnjährige Welle des Aufruhrs und Widerstands gegen die neuen Gesetze hinter sich.[152] [153]

Studenten, die Gewerkschaften, Intellektuelle, die FDP, sie alle hatten *Angst vor einer Änderung des Grundgesetzes*, die im Falle eines inneren oder äußeren Notstandes eine Notstandsverfassung *mit Einschränkung der Freiheitsrechte* in der BRD installieren sollte.

Hans-Dietrich Genscher von der FDP beispielsweise wehrte sich vehement gegen mögliche Einschränkungen des Post- und Fernmeldegeheimnisses.[154]

---

[151] Siehe Schwab, K./ Malleret, T., Covid-19: The Great Reset, World Economic Forum 2020, S. 89ff.

[152] „Beim „Sternmarsch auf Bonn" am 11. Mai 1968 demonstrieren … Zehntausende weitgehend friedlich gegen das Gesetzesvorhaben, doch insgesamt war das politische Klima bereits seit Monaten aufgeheizt: Am 11. April 1968 war der Studentenführer Rudi Dutschke (1940-1979) auf offener Straße angeschossen worden. Die Auseinandersetzungen der außerparlamentarischen Opposition (APO) mit der Staatsmacht waren daraufhin immer gewaltsamer geworden." (Fußnote 108)

[153] https://www.bundestag.de/dokumente/textarchiv/2023/kw21-kalenderblatt-notstandsgesetze-556672

Mit der großen Koalition aus CDU/CSU und SPD wurde die Notstandsverfassung installiert, man hatte die notwendig qualifizierte Mehrheit von (mehr als) zwei Dritteln für eine Grundgesetzänderung durch die Allianz geschafft.

Viele SPD-Abgeordnete votierten gegen das Gesetz. Willy Brandt fühlte sich bemüßigt zu versichern:

Wer *„mit dem Notstand spielen sollte, um die Freiheit einzuschränken"*, werde ihn *„auf den Barrikaden zur Verteidigung der Demokratie finden"*.

55 Jahre später

Nun ja, nach 55 Jahren sieht die Welt in Deutschland ein wenig anders aus. Proteste gegen die Freiheits-einschränkenden Corona-Maßnahmen und die vorgesehene MRNA-Impfpflicht – nach dem von der Weltgesundheitsorganisation (WHO) ausgerufenen weltweiten Corona-Gesundheitsnotstand – gab es in vielen Städten, aber sie wurden ganz und gar nicht als das berechtigte Aufbegehren freiheitsliebender und aufmerksamer Bürger angesehen.

Olaf Scholz (SPD)[155]

Besonders großen Unmut brachte Scholz Gegnern der Corona-Maßnahmen sowie der Impfkampagne, *„eine(r) winzige(n) Minderheit von enthemmten Extremisten"*, entgegen.

---

[154] 2024 ist der Vorschlag der EU-Kommission für eine anlasslose flächendeckende Chatkontrolle erst nach monatelangen Diskussionen (vorläufig?) gescheitert.
https://netzpolitik.org/2023/etappensieg-verpflichtende-chatkontrolle-vorerst-gescheitert/

[155] https://www.n-tv.de/politik/Scholz-Jeder-Erwachsene-koennte-laengst-geimpft-sein-article23000563.html

Friedrich Merz (CDU)[156]
Merz kritisiert das lasche Handeln gegenüber Impfgegnern. Man habe *,zu lange akzeptiert, dass Corona-Leugner ein Teil der öffentlichen Meinung bestimmt haben'*. Es sei jetzt Schluss mit Toleranz. Wenn man 2G ohne Ausnahmen durchsetzen würde, bedeute dies faktisch eine Impfpflicht." ...

Der Blick zurück – wie immer kann man aus der Geschichte lernen!

Leisten Sie sich eine eigene Meinung!

fordert die FAZ in einer Anzeige und präsentiert auch gleich die Lösung: ein Abonnement des Blattes.

Es ist noch nicht lange her, dass die gleiche Zeitung stolz verkündete, man betreibe *Haltungs*journalismus.

Haltung und Meinung
Haltung und eigene Meinung – ist das nicht zweierlei?
Die richtige Haltung, die wird einem nahegelegt, dazu wird man erzogen oder sogar, wenn man zu den guten Menschen dazugehören will, sacht gezwungen – oder nicht?
Die eigene Meinung, die bildet sich das emanzipierte Individuum selbst.
Dazu braucht man nach alter demokratischer Lesart unterschiedliche, **konträre Quellen ohne Gleichschritt**, zum Beispiel

---

[156] https://www.rnd.de/politik/friedrich-merz-bei-markus-lanz-deutschland-von-impfgegnern-in-geiselhaft-genommen-5JQSKU23GBBSLBWLYNOYXCBEL4.html

nach dem Strickmuster eins rechts, eins links[157]. Dann kann man auswählen, man entscheidet selbst.

Eine Haltungsbrille, durch die die Realität betrachtet wird (*Habermas* nannte es *emanzipatorisches Interesse,* wenn ich mich recht erinnere), die ist dafür nicht erforderlich.

Kommen wir der Aufforderung der FAZ nach; wie sie umzusetzen ist, entscheiden wir selbst.

Liberalismus

Der Liberalismus sieht die Freiheit des Einzelnen als grundlegende Norm des menschlichen Zusammenlebens.

Die angestrebte Regierungsform ist die parlamentarische Demokratie mit Gewaltenteilung, Basis der Wirtschaftätigkeit sind Privateigentum und freier Wettbewerb. Man unterscheidet/unterschied eine national-liberale und sozial-liberale Richtung.

Dem (Neo)Liberalismus[158] werfen – neben vielem anderen – Kritiker die (übertriebene) Förderung des freien Spiels der Marktkräfte zulasten wirtschaftlich Schwächerer vor.

---

[157] Nach alter demokratischer Lesart war rechts nicht gleich rechtsradikal, links nicht gleich linksextrem.

[158] R. Mausfeld, Warum schweigen die Lämmer, a.a.O., S. 99f. nennt den Neoliberalismus eine „Extremform des Kapitalismus", gekennzeichnet durch eine „Zurücknahme der Ausdifferenzierung zwischen ökonomischer und politischer Macht, welche das Kennzeichen der Moderne war".

„Die Gesellschaft (wird) nicht durch die politischen, rechtlichen oder moralischen Vorstellungen bestimmt, sondern durch den Fortschritt der materiellen Produktionstechnik.

Die kapitalistischen Produktionsverhältnisse bewirken nach marxistischer Auffassung, dass sich die gesellschaftliche Arbeitsteilung vertieft und der wirtschaftliche Reichtum nur von der Arbeiterklasse (Proletariat) geschaffen wird, während sich der Reichtum und das Eigentum an den Produktionsmitteln in den Händen immer weniger Kapitalisten konzentriert. Dieser, von Karl Marx als Grundwiderspruch der kapitalistischen Produktion bezeichnete Gegensatz zwischen gesellschaftlicher Produktion durch die Arbeiterklasse und der privaten Aneignung der Gewinne durch die Kapitalisten, kann nur durch die revolutionäre Erhebung der Arbeiterklasse beseitigt werden.

Die Arbeiterklasse enteignet dabei die Kapitalisten und das Eigentum an den Produktionsmitteln wird in Gesellschaftseigentum überführt. Der Kapitalismus wird vom Sozialismus abgelöst. Letztlich wird aber die Schaffung einer klassenlosen Gesellschaft im Kommunismus angestrebt."[160]

Wer waren die ersten Kommunisten?

Adam und Eva. Sie hatten nichts auf dem Leib und nur einen Apfel zu essen.

Trotzdem behaupteten sie, das sei das Paradies.[161]

---

[159] Benannt nach dem Philosophen, Wirtschaftswissenschaftler und Journalisten Karl Marx (1818-1883).

[160] https://www.bpb.de/kurz-knapp/lexika/lexikon-der-wirtschaft/20092/marxismus/

[161] Brandt, W., a.a.O., S. 56

Jemand betritt einen völlig leeren Eisenwarenladen in Bukarest und fragt erstaunt:

„Gibt es hier keine Nägel?"

Verkäufer mürrisch

„Hier gibt es keine Sägen.

Keine Nägel gibt es nebenan!"[162]

Marxismus oder Totgesagte leben länger ...

Als 1989/90 der real existierende Sozialismus des Ostblocks zusammenbrach, war die fast einhellige Meinung, dass der Sozialismus/ Kommunismus tot sei. Er habe seine Chance gehabt und sie gründlich vergeigt! War das ein Irrtum?

In den Medien, in zahllosen Büchern aller Schattierungen wird seit einiger Zeit die Überwindung, die Systemtransformation, der Systemwandel, die Systemüberwindung des Kapitalismus[163] wegen der (Klima)Krise als „alternativlos" dargestellt.

Er sei wegen seiner innewohnenden Wachstumsdynamik schuld, dass der ständig steigende Ressourcenverbrauch den Planeten überfordere und wachsende Umweltzerstörung bewirke.

Bücher wie *Kapitalismus ist nicht das Problem, sondern die Lösung* von R. Zitelmann klingen da eher wie der Nachhall überholter Rufer in der Wüste, obwohl für kurze Zeit gerade die Impfbefürworter von Rot und Grün den Unternehmer Sahin von Biontech, also einen Kapitalisten, als Retter bejubelten.

---

[162] Dalos, G., a.a.O., S. 46.

[163] Noch vor zwanzig Jahren war der Begriff verpönt, weil er seit Karl Marx einen sehr negativen Beiklang hatte. Das westliche System der Demokratie nannte sich stattdessen „Soziale Marktwirtschaft".

Friedrich August von Hayek, Nobelpreisträger und (einst?) hochgeachtetes Vorbild aller Liberalen, konstatierte 1944, *Sozialismus sei „Der Weg in die Knechtschaft"*. *Er führe unweigerlich in den planwirtschaftlich geprägten übermächtigen Staat. Die Freiheit des Konsumenten, damit auch die Freizügigkeit des Arbeitnehmers und ihr Einfluss auf die Produktion sowie die demokratische Freiheit ganz allgemein würden verlorengehen.*

Im untergegangenen Ostblock war das so.

Ob es bei einer – verbesserten – Neuauflage anders wäre?

Für die drei Spiegelautoren von „Auf die sanftere Tour" über die Ideen von Karl Marx (Nr. 1/30.12.2022, S. 17) klingen jedenfalls die Worte von M. Shafik, der Direktorin der London School of Economics, schon einmal *„mehr nach Verheißung als nach einer Drohung"*.

M.Shafik

„… jetzt (sei) der Moment gekommen, wo das ganze Modell, der Kapitalismus, weiterentwickelt werden müsse. Wahrscheinlich sogar radikal.

Zu Beginn der fünfziger Jahre wird ein Mann bei einer Prüfung in der Parteischule gefragt:

„Wieviel ist zweimal zwei?"

„Vier", antwortet er im Brustton der Überzeugung.

Er wird verhaftet und für mehrere Jahre eingesperrt.

„Damit Sie wissen, dass zweimal zwei fünf ist", belehrt ihn der Untersuchungsrichter.

Nach 1956 wird er wieder bei einer Parteischulung gefragt:

„Wieviel ist zweimal zwei?"

Der Mann will seine Überzeugung nicht verleugnen und sagt wieder:

„Vier."

Der Parteisekretär redet heftig auf ihn ein:

„Sie müssten doch wirklich wissen, das zweimal zwei drei ist. Das müssen Sie einfach einsehen. Oder wollen Sie etwa den schrecklichen Zeiten nachweinen, als zweimal zwei noch fünf war?"[164]

Medien und ihre Unabhängigkeit

Glaube wenig, hinterfrage alles, denke selbst![165]

Dass man Regierungsmedien kritisch begegnen sollte, wissen wir nicht erst seit dem *Stürmer*, der *Prawda* oder dem *Neuen Deutschland*. Dort wurde nicht geschrieben, was ist, sondern was passt. Oder was hilft. Von Wahrheit war man oft Lichtjahre entfernt, man schnitt sich die Welt entsprechend zurecht oder manipulierte ganz einfach die Fakten. Wie wichtig eine regierungsunabhängige Presse ist, haben viele Skandale und ihre Aufdeckung durch die Medien gezeigt: Watergate, die Spiegel-Affäre, der Skandal um Edward Snowden u.v.m.

Wie sehr eine unabhängige Presse deshalb schon immer von den Regierenden gefürchtet und nicht selten verfolgt wurde, belegt bereits die Verhaftung der Verfasser und Herausgeber des *Hessischen Landboten*, einer Flugschrift aus dem Jahr 1834.[166]

---

[164] Dalos, G., a.a.O., S. 43; Layoutveränderungen und neue Rechtschreibung vom Autor.

[165] So der Titel des Buches von Müller, A., Westend Verlag, Frankfurt a.M., 3. Aufl. 2019.

[166] Der Hessische Landbote. Erste Botschaft. Vorbericht, Darmstadt, im Juli 1834; Anpassung an neue Rechtschreibung und Interpunktion durch den Verfasser.

„Dieses Blatt soll dem hessischen Lande die Wahrheit melden, aber wer die Wahrheit sagt, wird gehenkt, ja sogar der, welcher die Wahrheit liest, wird durch meineidige Richter vielleicht gestraft. Darum haben die, welchen dieses Blatt zukommt, Folgendes zu beachten:

Sie müssen das Blatt sorgfältig außerhalb ihres Hauses vor der Polizei verwahren;

sie dürfen es nur an treue Freunde mitteilen;

denen, welchen sie nicht trauen wie sich selbst, dürfen sie es nur heimlich hinlegen;

würde das Blatt dennoch bei einem gefunden, der es gelesen hat, so muss er gestehen, dass er es dem Kreisrat habe bringen wollen;

wer das Blatt nicht gelesen hat, wenn man es bei ihm findet, der ist natürlich ohne Schuld."

Die Väter unserer Verfassung zogen **1949** im Grundgesetz die Konsequenzen aus der Historie. So heißt es in Artikel 5, Absatz 1:

(1) Jeder hat das Recht, seine Meinung in Wort, Schrift und Bild frei zu äußern und zu verbreiten und sich aus allgemein zugänglichen Quellen ungehindert zu unterrichten.

Die Pressefreiheit und die Freiheit der Berichterstattung durch Rundfunk und Film werden gewährleistet.

Eine Zensur findet nicht statt.

Journalisten sind wie Politiker – sie reichen vom Verbrecher bis zum Staatsmann.

Helmut Schmidt[167]

Warum kosten die Prawda zwanzig und das Neue Deutschland dreißig Pfennig?

Wegen der Übersetzungskosten.[168]

---

[167] Gambsch, E. (Hrsg.), Die 300 besten Politikerwitze, Droemersche Verlagsanstalt Th. Knaur Nachf., München 1995, S. 47.

Thomas Haldenwang, der Präsident des Bundesamts für Verfassungsschutz[170], beklagt in einem Beitrag für die FAZ
„die Arbeit des BfV werde immer wieder infrage gestellt, zuletzt sei sogar von einer ,Gesinnungspolizei' oder einem ,Regierungsschutz' die Rede gewesen.

*... in Deutschland herrscht Meinungsfreiheit – und das ist gut so'. Doch die Meinungsfreiheit habe Grenzen, die **nicht nur das Strafrecht**[171] ziehe.*

*... Die verfassungsschutzrechtliche Relevanz von Äußerungen (hänge) **nicht** davon ab ..., ob diese **strafbar oder illegal** sind. ...*

*(Wenn) **an sich legitime Kritik und Meinungen** in **extremistische Agitation**[172][173] umschlagen ... und so den **Boden** für unfriedliche und gewalttätige Aktivitäten **bereiten** können.''*

---

[168] Brandt, W., a.a.O., S. 81.

[169] FAZ 77/14 R2 vom 2.4.2024, S. 1.

[170] Das BfV ist dem **Bundesministerium** des Innern und für Heimat (BMI) nachgeordnet, **untersteht** dessen Dienst- sowie Fachaufsicht und wird vom Präsidenten des BfV geleitet. (https://www.google.com/search?client=firefox-b-d&q=BfV+und+Innenministerium)

[171] Hervorhebungen vom Autor.

[172] Die politische Agitation (lateinisch agitare „aufregen, aufwiegeln") steht für: (abwertend) die meist aggressive **Beeinflussung** Anderer in politischer Hinsicht. Der Begriff wird in der Umgangssprache, aber auch in journalistischen Kommentaren bisweilen abwertend benutzt https://www.google.com/search?client=firefox-b-d&sca_esv=e57395570566e342&sca_upv=1&q=Was+ist+eine+politische+Agitation%3F&sa=X&ved=2ahUKEwigi4Gk2qOFAxVm_bsIHb6UDNUQzmd6BAgcEAY&biw=1920&bih=955&dpr=1)

[173] Agitation in der Geschichte: die Situation, in der Menschen, insbesondere in der Öffentlichkeit, protestieren oder streiten, um eine bestimmte Art von Veränderung herbeizuführen

Modern Times, so heißt der Film mit Charlie Chaplin aus dem Jahr 1936, der die Entfremdung des Menschen durch moderne Arbeitsmethoden und Fließbandarbeit, die Seelenlosigkeit und Unfreiheit einer industrialisierten Welt zum Thema hat. Die Kritik unserer technisierten Welt ist also schon recht alt.

Ein Kilo geschnittenes Brot kostet bei dem bekanntesten deutschen Discounter etwas mehr als einen Euro. Noch 1789 ist der hohe Brotpreis der Funke, der die Französische Revolution auslöst. Nichts zeigt besser, welche Vorteile für den allgemeinen Lebensstandard die Technisierung und Industrialisierung aller Lebensbereiche gebracht hat. Hunger, die Geißel vergangener bzw. noch heute existierender vorwiegend agrarischer Gesellschaften, ist in unserer hochtechnisierten Welt ausgestorben. Unzweifelhaft eine ungeheure Errungenschaft!

Chance und Risiko – dieses Grundprinzip betrifft auch die technologische und industrielle Entwicklung. Atomkraft, vor einigen Jahrzehnten noch als Lösung aller Energieprobleme gepriesen – bis zum Reaktorunfall in Tschernobyl. Atomwaffen als Garanten des Friedens durch ein Gleichgewicht des Schreckens – ein wohl eher todbringendes Spiel mit dem Feuer.

Zurück zur Natur? Das ist vermutlich ein Schein-Szenario für Gesellschaften, deren Bedürfnisse bereits sattsam erfüllt sind. Über Bedürfnislosigkeit lässt sich's nun einmal am besten mit vollem Bauch diskutieren.

(https://www.google.com/search?client=firefox-b-d&sca_esv=e57395570566e342&sca_upv=1&q=Was+ist+eine+politische+Agitation%3F&sa=X&ved=2ahUKEwigi4Gk2qOFAxVm_bsIHb6UDNUQzmd6BAgcEAY&biw=1920&bih=955&dpr=1

Die Schattenseiten hochtechnisierter und industrialisierter Zivilisation sind wohl nur mit Hilfe eben jener hochtechnisierten und industrialisierten Verfahren zu bewältigen.

Ob wir unterentwickelten Staaten vorschreiben können, wie ihre Entwicklung zu verlaufen hat?

Wenn – werden die hochtechnisierten Staaten wohl tief in die Tasche greifen müssen ...

Nationalismus, Patriotismus, Internationalismus?

Darf man heute noch sein Vater- oder Mutterland lieben? Darf man gar stolz sein, Deutscher zu sein?

Was vor wenigen Jahrzehnten oder Generationen selbstverständlich war, scheint heute hinterfragt zu werden, wohl vor allem, aber nicht nur, eine Folge des Dritten Reiches mit seinen Verbrechen, wo *Hitler immer mit am Tisch sitzt.*

Wer die Diktatur des Dritten Reiches bewusst erlebt oder gar unterstützt haben könnte, müsste heute neunzig Jahre und älter sein. *Persönliche* Schuld dürfte deshalb in der Bevölkerung außerordentlich selten sein, ein „ererbtes" Verantwortungsgefühl für die ungeheuerlichen Verbrechen, die vor allem dem jüdischen Volk angetan worden sind, existiert weiter.

Gibt es Altes und Neues, auf das man als Deutscher trotzdem nach wie vor mit Stolz blicken kann?

Durchaus.

Die vielen Denker, Dichter und Philosophen, begnadete Komponisten und Maler, deren Werke noch heute bewundert werden; unsere schöne Sprache; die Trümmergeneration, die unser Land nach der Zerstörung durch den Zweiten Weltkrieg wieder aufgebaut hat; eine erfolgreiche friedfertige Politik, die das Bild vom bösen Deutschen hat verschwinden lassen.

Also – alles wieder gut?

Nicht wenigen scheint im Zeichen globalisierter Wirtschaft und Tendenzen zu globalisierter Kultur Nationalgefühl etwas Veraltetes. Man fühlt sich als Europäer oder gar Weltenbürger, der nicht in den Grenzen eines Nationalstaates, sondern auf der ganzen Welt Freiheit, Gleichheit, Gerechtigkeit und Wohlstand anstrebt. Ist der „Blick auf Christus mit dem Blick auf die gesamte Menschheit gleichzusetzen?", wie Kardinal Marx meint? Weltpräsident? Weltkanzler? Politik nicht für ein einzelnes Land, sondern (globale) Geostrategie und -politik – ein radikaler Perspektivenwechsel mit weitreichenden Konsequenzen.

An vergangenen Versuchen von Weltreichen fehlt es nicht. Die Römer hielten sich um die tausend Jahre, das Sowjetimperium war nach siebzig Jahren am Ende.

Gut gefühlt, so liest und hört man, haben sich die Fast-Weltenbürger in diesen Imperien nicht, weder die in den Provinzen noch die in den Satellitenstaaten ...

Neue Prioritäten: Die Alten raus?

Kampf gegen die Wohnungsnot: Immo-Branche macht radikalen Vorschlag – der vor allem ältere Menschen betrifft [174]

Sie sollen aus den Städten vertrieben werden und für die Jungen Platz machen; man könnte ihnen die Mieten so erhöhen, dass sie verschwinden müssen; aus ihren Häusern müssen sie ohnehin heraus, weil sie die horrenden Kosten für Sanierung und die Wärmepumpen nicht bezahlen können, sie bekommen ja keine Kredite mehr; diese Alten beanspruchen viel zu viel Wohnraum für sich. Eine Artikelschreiberin der TAZ schlug vor

---

[174] https://www.msn.com/de-de/finanzen/top-stories/kampf-gegen-die-wohnungsnot-immo-branche-macht-radikalen-vorschlag-%E2%80%93-der-vor-allem-%C3%A4ltere-menschen-betrifft/ar-AA1a2SVM

einiger Zeit gar vor, ihnen das Wahlrecht zu entziehen, weil sie keine Ahnung vom Klimawandel hätten.[175]

„Rentner, gebt das Wahlrecht ab! Und den Führerschein gleich mit. Denn für beides gilt: Die Alten gefährden die Jungen. Was wir brauchen, ist eine Epistokratie der Jugend."

Unsinn – harmlos – irritierend – alarmierend?

Nudging – nein, danke!

Nachdem ich an mehr als 237 Tagen wochentags eineinhalb Stunden bei **Sturm der Liebe** *vor der Glotze verbracht habe[176], fiel gestern meine Entscheidung: Diese Serie werde ich mir nie mehr antun! Hören Sie, warum.*

Für Liebesgeschichten gab es schon immer ein interessiertes Publikum. *Abaelard* und *Heloise* im *Roman de la Rose* erhitzten bereits im 13. Jahrhundert die Gemüter, siebenhundert Jahre später verfielen vor allem Frauen bei *Red Butler* in *Vom Winde verweht* ins Träumen.

Der neue Serienheld, der Waldmann (Förster) *Florian Vogt* in *Sturm der Liebe* hat nun gar nichts von Red Butler. Er ist ein politisch korrektes Geschöpf seiner Drehbuchautoren. Klimakrisebewusst, ausgestattet mit der richtigen Haltung gegenüber Frauen, immer ehrlich und ausnahmslos friedlich bis zur Selbstaufgabe. An seiner Seite die ebenfalls politisch-korrekte *Maja von Thalheim*, ebenso langweilig designt.

---

[175] https://taz.de/Kolumne-Der-rote-Faden/!5597166/

[176] Die dunkle Seite eines an sich auf Lernen und Erkenntnis ausgerichteten Charakters ...

Und diese beiden sollen nun als (Haupt-)Protagonisten die Phantasie des geschätzten Zuschauers anregen: Bekommen sie sich oder bekommen sie sich nicht? Welche Hindernisse legt wer und wie den beiden Liebenden in den Weg?

Nach der ersten Sendung mit den beiden ist man darauf so gespannt wie auf die Frage, ob Oma Hannelores Kuchen in Gelsenkirchen im Backofen verbrennt. Doch damit nicht genug. Eine früher verlogene, manipulative und betrügerische *Rosalie Engel* entdeckt plötzlich ihre Umwelt- und Gleichberechtigungs-Ziele; sie entschließt sich zur Kandidatur für den Posten der Landrätin. Voll überzeugend, diese Volte!

Selina von Thalheim, bisher nur als ehrliche und aufrichtige Haut in Erscheinung getreten, entdeckt plötzlich ihre Verantwortung für die Arbeitsbedingungen ungarischer Arbeiter und so weiter.

Schwarz-Weiß-Malerei ohne Schattierungen, die vielen Guten - und auf der anderen Seite wenige Böse. Vielleicht sollten die Drehbuchautoren, denen man dieses *Nudging* wohl verordnet hat, doch noch einmal in der Schule des kreativen Schreibens ein paar Kurse belegen ...

Liebe Fernseh-Eliten!

Der allgegenwärtige totale Erziehungsversuch nervt den mündigen Bürger. Er fühlt sich von IWAbs (Ich **weiß alles** besser!) beständig unter Druck gesetzt. Er reagiert mit Ablehnung, Rückzug, Reaktanz. Er hat genug.

Nudging in *Sturm der Liebe* – nein danke!

Öffentlich-Rechtlicher Rundfunk

Die Welt im öffentlich-Rechtlichen Rundfunk: langweilig, überraschend, realistisch?

Man hat uns in den vergangenen Jahren vorexerziert, dass wir – auch als Erwachsene – einer immer-währenden Erziehung zur richtigen Haltung bedürfen.

Haben sich die Eltern und Lehrer als Erziehungsinstanzen bei uns verabschiedet, übernehmen sogenannte Leitmedien und natürlich der Öffentlich-Rechtliche Rundfunk nahtlos unsere politisch-korrekte Charakter-Bildung. Nun funktioniert Erziehung nicht zuletzt durch Vorbilder, auch in der virtuellen Realität. Dementsprechend scheinen heute die meisten Drehbücher verfasst. Ein politisch-korrekter, didaktisch wertvoller Kosmos entsteht?

Solche Welten haben allerdings oft den Nachteil, dass sie *langweilig* sind. Der Zuschauer erkennt die Absicht, drückt den Knopf, verabschiedet sich. Abstimmung mit dem Button, Chance auf Beeinflussung verpasst!

Nord, Nord, Mord präsentierte am Montag im ZDF seinen neu erfundenen Kosmos. Sechs aktive Kriminalbeamte älteren Datums, *drei davon Verbrecher* (ein Erpresser, ein Betrüger, ein Mörder, der seinerseits wegen Korruption erpresst wird) *ein Alkoholiker* und zwei Normalos, verbunden in – zwar menschlich nachvollziehbarer, aber eben *strafbarer – Ganovenehre und Schweigespirale.*

Überraschend, ja.

Langweilig, ein bisschen.

Realistisch?

Oh jeh, bei solchen Polizisten-Vorbildern müssten wir uns wohl augenblicklich gute Nacht sagen!

Oligarchische Einheitspartei Deutschlands oder Eins rechts, eins links?

Wer bei dieser Überschrift an ein Strickmuster denkt, hat zunächst einmal recht.

Empfehlenswert ist dieses Muster allerdings auch für unerschrockene Leser. Man braucht keinen Vorkoster, der Bücher und Texte in genießbar und ungenießbar, zustimmungsfähig und ablehnungsbedürftig einteilt und damit den Genuss von Geist-anregenden Kostbarkeiten zu verhindern sucht.

OED – was ist das?

Erinnert an SED, oder? Im Netz stieß ich unerschrocken auf einen interessanten Artikel der Berliner Zeitung.

Titel: *Wie das System der Oligarchischen Einheitspartei Deutschlands (OED) funktioniert (msn.com)*[177] [178]
Autor – *ein Philosoph, Michael Andrick*

Links oder rechts?

Na, da denkt man sofort, der Schreiber wird vermutlich links sein. Die Philosophen sind ja heute mehrheitlich links, oft marxistisch. Und der Herr Andrick hat auch schon im *„Der Freitag"* geschrieben.

Bei dem Titel des Artikels allerdings liegt es auch nahe, etwas „Rechtes" zu vermuten; die Macht und Einflussnahme der

---

[177] Am 5.7.2023 funktionierte dieser Link leider nicht mehr.

[178] Ein neuer Link zum gleichen Thema und Autor Michael Andrick findet sich im Netz: https://www.berliner-zeitung.de/politik-gesellschaft/philosophische-kolumne-von-michael-andrick-wie-das-system-der-oligarchischen-einheitspartei-deutschlands-oed-funktioniert-demokratie-pluralismus-ukraine-krieg-putin-corona-krise-impfung-li.365589

Oligarchen wie Soros, Gates u.a. kritisieren die ja auch. Und die *Berliner Zeitung* – die veröffentlichen auch Regierungskritisches.

Der Inhalt des Artikels
Die Oligarchische Einheitspartei Deutschlands, eine Interessenvereinigung aus Schwarz-Rot-Gelb-Grün hat unsere – ehemals? – partizipative in eine bevölkerungsferne Demokratie, einen vormundschaftlichen Staat verwandelt, der durch entsprechende Stellenbesetzungen auch den Öffentlich-Rechtlichen Rundfunk unter seiner Kontrolle hat. Selbst die Staatsanwaltschaften, die Unrecht anklagen müssten, sind – durch Schützenhilfe und Spruch durch den Europäischen Gerichtshof (2019: Die deutsche Staatsanwaltschaft (ist) nicht unabhängig von der Exekutive.) – nicht mehr unabhängig.

Du liebe Güte!
Wenn das alles stimmen würde - was ist denn dann mit „autoritär"?

Der Mutbürger
Andrick kündigt an, ab August 2023 in der Berliner Zeitung zu schreiben *„über Bürger[179], die sich für Informations- und Meinungsfreiheit einsetzen – und dabei von den Gesinnungswarten der neuen Einheitspartei drangsaliert werden."*

Gespannt?

P wie Plutokratie - P wie Philanthropie

Bereits die Antike kennt den Begriff Plutokratie: die Herrschaft des Geldes.

---

[179] Er nennt diese Bürger Mutbürger!

Geld und Macht

Es gibt zahlreiche Sprichwörter, die sich mit der Rolle des Geldes auseinandersetzen. Vom römischen *Pecunia non olet*[180], Geld stinkt nicht bis zu *Geld regiert die Welt*[181] sind zwei Jahrtausende vergangen, die vielfältigen Aussagen über die Rolle des Geldes seitdem wie *Wes Brot ich ess, des Lied ich sing* und viele mehr lassen sich nach wie vor bejahen.

Sollte die Gesellschaft tätig werden?

Gleichheit von Einkommen und Vermögen – Versuche, dieses Ziel umzusetzen, gab es, mit sehr zweifelhaftem Erfolg.

Bereits Lenin musste von „Jedem nach seinen Bedürfnissen" abrücken. Nach siebzig Jahren Kommunismus im Ostblock gibt es dort die unermesslich reichen Oligarchen, im Westen die unermesslich reichen Philanthropen wie Warren Buffett, Bill Gates oder George Soros, um nur einige zu nennen. Und hier wie dort nehmen sie mit ihrem Geld Einfluss – auf Medien, Universitäten, Politik und Gesellschaft.

Ist das gut?

Nun, zumindest *Philanthropen* (aus dem Altgriechischen) sind in der Übersetzung *Menschenfreunde?*

Noch vor dreißig Jahren wollte man allerdings die Medien, Universitäten, die Politik von Beeinflussung strikt fernhalten. Die Unabhängigkeit der Presse, die Freiheit von Forschung und Lehre, die strikte Offenlegung von jeglichen (höheren) Parteispenden – das war vor einigen Jahrzehnten, zumindest offiziell, selbstverständlich.

---

[180] Kaiser Vespasian 69 n. Chr. nachgesagt.

[181] Bei uns 1616 zum ersten Mal erwähnt, heute als Sprichwort in vielen Sprachen präsent.

Und heute?

Medienunternehmen beispielsweise erhalten erhebliche Mittel von der BMGF (Bill und Melinda Gates Foundation, es sollen bisher insgesamt 250 000 000 (250 Millionen) Dollar sein)[182], die WHO erhält so viele BMGF-Stiftungsgelder, dass die Zeit 2017 titelt:

„Der heimliche WHO-Chef heißt Bill Gates."[183]

Universitäten sind aufgerufen, sogenannte Drittmittel, zum Beispiel von großen Unternehmen[184], einzuwerben.

Private NGOs stellen mittlerweile einen nicht zu unterschätzenden Einfluss-Faktor der Politik dar.

Karl Marx

Karl Marx äußerte sich im Kommunistischen Manifest[185] bereits 1848 zu den Philanthropen, die er Bourgeoissozialisten schimpfte.

Der konservative oder Bourgeois-Sozialismus
„Ein Teil der Bourgeoisie wünscht den sozialen Missständen abzuhelfen, um den Bestand der bürgerlichen Gesellschaft zu sichern.

---

[182] https://www.heise.de/tp/features/Bill-Gates-zwischen-Schein-und Sein-3378037.html?seite=all

[183] https://www.zeit.de/wissen/gesundheit/2017-03/who-unabhaengigkeit-bill-gates-film/komplettansicht

[184] „2015 stellte die Wirtschaft 1,4 Milliarden Euro an Drittmitteln zur Verfügung. Das entsprach einem Anteil von 19 % der Drittmittel insgesamt. ... Problematisch an Drittmitteln kann eine mögliche Einflussnahme der Geldgeber auf die Forschungsfreiheit sein, insbesondere wenn sie Anreize für angewandte und ergebnisorientierte Forschung bieten." https://de.wikipedia.org/wiki/Drittmittel

[185] Marx,K./Engels,F., Das kommunistische Manifest, Anaconda Köln 2009, S.63ff.

Es gehören hierher: Ökonomisten, Philanthropen[6], Humanitäre, Verbesserer der Lage der arbeitenden Klassen, Wohltätigkeitsorganisierer, Abschaffer der Tierquälerei, Mäßigkeitsvereinsstifter, Winkelreformer der bunt scheckigsten Art. [...]

Die sozialistischen Bourgeois wollen die Lebensbedingungen der modernen Gesellschaft ohne die notwendig daraus hervorgehenden Kämpfe und Gefahren. Sie wollen die bestehende Gesellschaft mit Abzug der sie revolutionierenden und sie auflösenden Elemente. Sie wollen die Bourgeoisie ohne das Proletariat. Die Bourgeoisie stellt sich die Welt, worin sie herrscht, natürlich als die beste Welt vor. Der Bourgoissozialismus arbeitet diese tröstliche Vorstellung zu einem halben oder ganzen System aus. [...]

Unter Veränderung der materiellen Lebensverhältnisse versteht dieser Sozialismus aber keineswegs Abschaffung der bürgerlichen Produktionsverhältnisse, die nur auf revolutionärem Wege möglich ist."

Einhundertsechsundsiebzig Jahre alter Text, immer noch interessant ...

Geld macht nicht glücklich, jedenfalls nicht, solange es anderen gehört.
George Bernard Shaw, irischer Dramatiker (1856 – 1950)[186]

Bankraub ist ein Unternehmen von Dilettanten.
Wahre Profis gründen eine Bank!
Bertolt Brecht, deutscher Schriftsteller (1898 – 1956)[187]

Vermögensbildung – hinter dem Wort steckt der deutsche Aberglaube, es könne einer durch Sparen reich werden.
Johannes Gross, deutscher Journalist (1932 – 1999)[188]

---

[186] Schwarzer Humor, a.a.O., S. 136.
[187] Ebda., S. 138.
[188] Ebda., S. 44.

Parteilichkeit

Das Prinzip der Parteilichkeit ist ein von Lenin eingeführtes Postulat, demzufolge eine objektive und wertfreie Beobachtung und Interpretation der Realität nicht möglich ist.

Im Rahmen einer marxistischen Weltsicht müsse immer strikt ein Standpunkt im Interesse der Arbeiterklasse bezogen werden. Später verstand man dieses Prinzip so, dass den kommunistischen Parteien eine Interpretationshoheit über das, was als wahr zu gelten habe, zustehe (Die Partei hat immer recht.).

Das Parteilichkeitsprinzip führte auch zu Auseinandersetzungen in der Wissenschaft, welche Aussagen als *wissenschaftlich* anerkannt werden können. Während Vertreter der einen Seite die *empirische Überprüfbarkeit als Merkmal* postulierten, gingen die Anhänger der dialektischen Position (z.B. Adorno) von der *Unmöglichkeit wertfrei formulierter Aussagen* aus und forderten das *Hineinholen ethischer Verantwortung ins wissenschaftliche Forschen.*

Pasteten-Sozialisten, Ankündigungs-Weltmeister

Wer schon ein bisschen älter ist, kennt den Namen noch, für Leute, die links reden und rechts leben.

Da gab es zum Beispiel diesen Kultusminister, der für die flächendeckende integrative Einheits-Gesamtschule eintrat, aber seine eigenen vier Kinder auf ein Elite-Internat schickte. *Pasteten-Sozialist* eben.

Sagen und tun
Auch *Jean-Jacques Rousseau*, der berühmte Philosoph, liefert ein eindringliches Beispiel.

„In seinem Erziehungsroman Émile[189], 1762 erschienen und bis zum heutigen Tage der berühmteste Erziehungsratgeber der Weltliteratur, gesteht der Verfasser Kindern zum ersten Mal eine lange und unbeschwerte Kindheit zu.

Er sieht sie als eigenständige Persönlichkeiten, die auf ihre Weise denken und empfinden."[190]

Seine eigenen fünf Kinder allerdings gibt er ins Waisenhaus, damals der fast sichere Weg in den frühen Tod.

„Die allgemeine Kindersterblichkeit (im Zeitalter des Absolutismus, d. Verf.) war hoch, jedes fünfte, zuhause aufgezogene Kind verstarb im ersten Lebensjahr. Demgegenüber waren aber mehr als zwei Drittel aller Kinder im Findelhaus (Waisenhaus, d.Verf.) bereits nach einem Jahr tot. Überlebende Findlingskinder wurden mit ihrer Amme aufs Land geschickt. Auch dort war ihre Sterblichkeit außerordentlich."[191]

„Anstatt das Erforderliche zu tun, will ich mich es zu sagen bemühen", stellt Rousseau in *Emile*, S. 43 lapidar fest.

Alles Moralapostel?

Heute reibt man sich fast ständig die Augen, wie moralisch alle sind. Die Vereine, die Landfrauen, Nicht-Regierungs-Organisationen, auch die Unternehmen. Alle sind heute zumindest grün, aber oft auch rot angestrichen.

Der Erfinder der professionellen Philanthropie für die Superreichen, der Stahl-Tycoon Andrew Carnegie, wird mit

„Der Mensch, der reich stirbt, stirbt schändlich"[192]

---

[189] Rousseau, J.-J., Émile oder Über die Erziehung, Aus dem Französischen von Hermann Denhardt, Anaconda Köln, 2010

[190] Link, L., Utopisch, Twentysix 2020, S. 16 f.

[191] Ebda., S. 30.

[192] Andrew Carnegie (1835 - 1919), schottisch-US-amerikanischer Stahlmagnat, Quelle: Carnegie, The Gospel of Wealth, in: The Pall Mall Gazette, 1889. Übers. www.aphorismen.de

zitiert, hat auch von seinem Vermögen - beim Tode im Jahr 1919 fünfundachtzig Milliarden Dollar (umgerechnet) - etwa 10 Milliarden (ebenfalls umgerechnet) gespendet, aber ob 95 oder 85 Milliarden Vermögen, das macht ja nun auch nicht den Unterschied in der Lebensqualität.
Einer seiner Biographen stellt fest:
„Motto war ,Tod allen Privilegien'.
Doch als Herrscher über seine eigenen Fabriken in Pittsburgh zwang Carnegie die Arbeiter zu sieben Tagen Arbeit die Woche, gewährte ihnen keinen Urlaubstag außer Weihnachten und dem 4. Juli, zahlte ihnen knauserige Löhne und ließ sie in schmutzigen Siedlungen wohnen, wo das Trinkwasser direkt neben dem Abwasser lief. Ein Fünftel von Carnegies Arbeitern kam bei Unfällen um."[193]

Zwischen Reden und Tun ist halt ein himmelweiter Unterschied ...

PErrisierung der Politik

Haben Sie auch den Eindruck, dass Politik zunehmend in nichtssagenden Phrasen kommuniziert wird?

Haben die Politiker nichts mehr mitzuteilen oder wollen sie es nicht mehr, sondern speisen sie die Bürger mit billigen Begriffen ab (der harmlose Piks[194]) und machen ansonsten „ihr eigenes Ding"?

---

[193] Peter Krass: Carnegie. Hoboken, New Jersey, John Wiley & Sons, Inc. 2002, Seite 47; bisher nur auf Englisch erschienen, zitiert bei: Alberto Manguel: Die Bibliothek bei Nacht. Frankfurt am Main, S. Fischer Verlag GmbH 2007, S. 117.
[194] die Corona-Impfung

Oder ist die Analyse von Seiten der Politik, dass politische Inhalte nur noch in Schlagwörtern daherkommen können, weil die Empfänger der Botschaften – wir – ohnehin nur Hashtags oder Überschriften scannen und uns mit nichts mehr tiefgehend auseinandersetzen wollen? Nichts sehen, nichts hören, nichts sagen? Im Gegensatz zur Realität stehen die zahlreichen Beschwörungen und Programme der Bundesregierung und von NGOs – *Demokratie leben, Demokratie fördern, Partnerschaft Demokratie* …

Der Patient scheint krank zu sein, wenn so viele Ärzte sich um ihn bemühen müssen …

Pluralismus

Warum hat heute so mancher Zeitgenosse Bauchschmerzen, seine eigene, durchaus ichbezogene Perspektive einzunehmen, seine Interessen zu artikulieren und für ihre Durchsetzung zu fechten?

Scheint das politisch inkorrekt? Muss man sich nicht vielmehr und zuallererst für die Unterdrückten, Benachteiligten im eigenen Land, ja in der ganzen Welt einsetzen und ihren Rechten zum Durchbruch verhelfen, weil man sonst ein böser Bube ist, dem die Verachtung aller **Anständigen** gewiss ist?
Die Vorstellung von einer pluralistischen Demokratie, so, wie unsere Verfassungsväter sie verstanden, sieht unterschiedliche Interessen und den Kampf für ihre Durchsetzung allerdings als *„Strukturmerkmal und zentrale Forderung"*.[195]

---

[195] Duden, Schülerduden Politik und Gesellschaft, Bibliographisches Institut & F.A.Brockhaus AG, 5. neu bearbeitete Aufl. 2005; *Pluralismus*.

*„**Pluralismus** ist ein zentrales Leitbild moderner Demokratien, deren politische Ordnung und Legitimität ausdrücklich auf der Anerkennung und dem Respekt vor den vielfältigen individuellen Meinungen, Überzeugungen, Interessen, Zielen und Hoffnungen beruhen. Keine (politische, religiöse o.ä.) Instanz darf in der Lage sein, (allen) anderen ihre Überzeugung etc. aufzuzwingen, d.h. die prinzipielle Offenheit pluralistischer Demokratien zu gefährden. Grundlage des politischen und sozialen Zusammenlebens fortschrittlicher Gesellschaften ist daher das pluralistische Prinzip der Vielfalt (nicht das der undemokratischen Einfalt).*[196]*

*„In einer freiheitlichen Demokratie ist der **Pluralismus** der Meinungen und Interessen eine selbstverständliche Erscheinung. Es kann nicht darum gehen, ihn zu überwinden, das heißt, missliebige Meinungen und fremde Interessen zu unterdrücken, sondern nur darum, einen möglichst gerechten Interessenausgleich zu finden. [...] Der Pluralismus-Theorie liegt die Annahme zugrunde, dass dieser Prozess zu einem auf Kompromissen aufbauenden, zufriedenstellenden Ergebnis für alle führt."*[197]

„Uneinigkeit und Recht und Freiheit.
Einigkeit ist das Schlimmste, das einer Debatte passieren kann."[198]

Wann haben die letzten freien Wahlen stattgefunden?
Im Paradies, als Gott dem Adam die Eva zeigte und sagte:
Du kannst wählen.[199]

---

[196] Schubert, K./ Klein, M., Das Politiklexikon, 8. vollständig überarbeitete und erweiterte Aufl., J.H.W.Dietz Nachf. Bonn 2021, *Pluralismus*

[197] Aus einer älteren Quelle: Schüler Duden Politik und Gesellschaft, 3. überarbeitete Aufl. 1992; *Pluralismus.*

[198] Anzeige in der FAZ.

[199] Brandt, W., a.a.O., S. 57.

*Die systematische Bewegung hin zu einer „politischen Korrektheit"
entstand … in den 80er Jahren des 20. Jahrhunderts im Rahmen von
Antidiskriminierungsbestrebungen seitens der Neuen Linken in den
USA.*

*… **sprachlich**[200] sollten Menschen aufgrund ihres Geschlechtes,
ihrer sexuellen Orientierung, ihrer ethnischen, nationalen oder religiösen Zugehörigkeit, ihrer sozialen Stellung, ihres Alters oder aufgrund
einer körperlichen oder geistigen Behinderung nicht beleidigt und zu-
rückgesetzt werden. …*

*Über den **Sprachwandel** soll ein **Bewusstseinswandel** und ide-
alerweise auch eine gesellschaftlich-kulturelle Veränderung weg von
der kritisierten Diskriminierung erreicht werden. …*

***In Deutschland eingeführt wurde der Ausdruck Anfang der
1990er Jahre. …"***[201]

Sprechverbot, Denkverbot, Übertreibung?
Politische Korrektheit ist mittlerweile ein Kampfbegriff in der
Politischen Auseinandersetzung.

Reformen, Revolutionen

*Bis weit ins erste Jahrzehnt unseres Jahrtausends herrschte breite
Übereinstimmung darüber, dass mit dem Zusammenbruch des Ostblocks – demgemäß dem Sieg des liberal-marktwirtschaftlichen Gesell-
schaftsmodells über den Kommunismus – das Ende der Geschichte
eingeläutet worden sei.*

---

[200] Hervorhebung im Folgenden vom Verfasser
[201] https://www.bpb.de/themen/parteien/sprache-und-
politik/42730/political-correctness-politische-korrektheit/

Grundlegende Veränderungen, vor allem aber Verbesserungen, hielt man für unnötig und unmöglich. Revolution galt als überholt.[202]

Sowohl in der politischen Theorie als auch Praxis zeichnet sich allerdings längst ein Wandel ab. Man kann von einer Rückkehr der Revolution in die politische Arena ausgehen.[203]

„Pragmatische Empfehlungen jedenfalls, es im Zuge progressiver Politik bei reformorientierten Korrekturen an einem grundsätzlich funktionsfähigen System zu belassen"[204] – also Reformen statt Revolution – werden zunehmend nicht mehr als zeitgemäß wahrgenommen.[205]

Wie empfindet der Einzelne Veränderung?

Selbst in der kleinen Spanne eigener Lebenszeit werden wir Zeuge vieler individueller und gesamtgesellschaftlicher Veränderungen, die auf eine Antwort warten; Veränderung ist untrennbar mit dem Leben verbunden.

In unserer modernen Zeit erwarten wir von der Politik, dass sie wie ein Seismograph Veränderungen wahrnimmt und darauf adäquat reagiert. Parteiprogramme, Koalitionsvereinbarungen, Gesetzentwürfe – all das soll helfen, diese dynamische Umwelt in den Griff zu bekommen.

Hält man die Aufgaben für lösbar, wird wohl die Reform bevorzugt werden. Tut die Politik des Guten zu viel, weil nur das Neue eine Nachricht bedeutet (News!), führt dies nicht selten auch zu Reformismus, der die Qualität des Erreichten und zu Bewahrenden aus dem Auge verliert.

---

[202] Siehe Grosser, F., Theorien der Revolution zur Einführung, 2. überarbeitete Aufl., Junius Hamburg 2018, S. 9.
[203] Siehe ebda., S. 12f.
[204] Ebda., S. 14.
[205] Siehe ebda., S. 14.

Sofort denkt man an die vielfältigen Versuche, die deutsche Sprache zu „reformieren": Die Rechtschreibreform mit ihren zahlreichen Verbesserungsdurchläufen, die heute selbst den, mit professionellem Schreiben vertrauten Zeitgenossen, zum Duden oder zum Internetrechtschreiblexikon greifen lassen.

Sind die Lebensverhältnisse zu ungerecht, ist die Aufgabe zu groß oder duldet keinen Aufschub, ertönt laut der Ruf nach Veränderung. Es verwundert daher nicht, dass die Menschheitsgeschichte zahlreiche Aufstände, Revolten und Revolutionen – auf radikale Veränderung der bestehenden politischen und gesellschaftlichen Verhältnisse ausgerichtete, gewaltsame Umsturzversuche und Umstürze kennt.

Jede Revolution – von dem radikalen Neubeginn mit Veränderung aller bisherigen gesellschaftlichen Organisation und Institutionen spricht man erst seit der Französischen Revolution, manche Autoren ordnen auch die Bauernkriege bereits hier ein – hinterlässt allerdings durch die Zerstörung der gesellschaftlichen Strukturen zunächst ein Machtvakuum, welches gefüllt werden muss und wird. Nicht selten setzt sich dabei ein neues (Terror)Regime mit diktatorischen Zügen ohne Freiheit für die Masse durch: Die Französische Revolution hatte *La Terreur*, das Terrorregime des Wohlfahrtsausschusses im Gefolge, der kommunistischen Revolution von 1919 folgte der *Stalinismus* mit Millionen ermordeter Menschen, der Entwicklung einer privilegierten Nomenklatura und die konsequente, jahrzehntelange Unterdrückung der Ostblockstaaten. Auch die *chinesische Kulturrevolution* forderte Millionen Opfer. Friedliche „Revolutionen" finden sich allerdings auch: Der Kampf um die Unabhängigkeit Indiens 1946, die Überwindung des DDR-Unrechtsregimes, maßgeblich durch Montagsdemonstrationen und gewaltlosen Widerstand im Jahr 1989, um nur zwei Beispiele der neueren Zeit zu nennen.

Der Gang der (uns heute bekannten) Geschichte ist gekennzeichnet durch die zunehmende Befreiung des Menschen aus un- oder selbst-verschuldeter[206] Unmündigkeit. Ohne dass unsere Vorfahren sich erhoben und gekämpft hätten, wären wir heute wohl nicht frei. Denn: Der gewaltlose Kampf kann erfolgreich sein, häufig ist er es aber auch nicht.

Gäbe es ein allen Menschen gemeinsames Ziel, wäre der künftige Fortschritt in der Geschichte wohl kaum aufzuhalten, das irdische Paradies in greifbare Nähe gerückt. Eher aber kann man von widerstreitenden, manchmal diametral entgegengesetzten Interessen und Überzeugungen von Nationen, Religionsgemeinschaften und gesellschaftlichen Gruppen ausgehen.

Die Antwort auf diese Einschätzung ist die Staatsform der pluralistischen Demokratie, in der die widerstreitenden Interessen formuliert, in friedlicher Auseinandersetzung in Alternativen diskutiert und zum temporären Ausgleich gebracht werden sollen.

Staatsformen, in denen von einem allen Individuen gemeinsamen Wohl ausgegangen wird oder wurde, sind, zumindest, was die Vergangenheit betrifft, gescheitert.

Man denke nur an den Kommunismus, der das Gemeinwohl auf die Formel *„Die Partei hat immer recht"* verkürzte; die Folgen sind hinlänglich bekannt.

Nicht wenige Menschen und Organisationen träumen davon, diese Interessengegensätze zu überwinden. Keine Nationalstaaten mehr, keine Grenzen, Globalisierung, ein Markt, eine Welt! Teilversuche hat es in der Vergangenheit viele gegeben, die Liste verschwundener Imperien ist lang, die Überlebensdauer zentralistischer Planwirtschaften war kurz.

Ist Globalisierung, eine Weltregierung, der Weltenbürger eine positive Utopie, wird sie die Freiheit und materiellen Wohlstand für alle bringen?

---

[206] Darüber streiten noch die großen Geister!

Wer davon überzeugt ist, wird den Zustand, wo alle Menschen Brüder sind, herbeisehnen, vielleicht sogar Umsturz oder diktatorische Übergänge für dieses große Ziel als sinnvoll erachten. Für den anderen Teil der Menschheit bedeutet diese Vorstellung Chaos und Alptraum.

Präsidenten in den USA leben gefährlich ...

„Es gibt 22 bekannte Attentate auf damals amtierende oder ehemalige Präsidenten sowie auf gewählte Präsidenten. Vier Präsidenten starben bei den verübten Attentaten oder an deren Folgen: Abraham Lincoln (16. Präsident), James A. Garfield (20. Präsident), William Mc.Kinley (25. Präsident) und John F. Kennedy (35. Präsident).

Drei Präsidenten wurden durch Attentate verletzt: Theodore Roosevelt (26. Präsident), Ronald Reagan (40. Präsident) und Donald J. Trump (45. Präsident)"207[1].

„Robert F. Kennedy, Bruder des ermordeten Präsidenten John F., wurde als US-Präsidentschaftskandidat 1968 im Alter von 42 Jahren im Ambassador Hotel in Los Angeles von einem Bewaffneten ermordet. George C. Wallace, Gouverneur des US-Bundesstaates Alabama, wurde 1982 angeschossen und war danach von der Hüfte abwärts gelähmt."208[2]

Wo ist/sind der/die Schuldige(n), die Mitschuldigen?

207[1]

https://de.wikipedia.org/wiki/Liste_der_Attentate_auf_Pr%C3%A4sidenten_der_Vereinigten_Staaten

208[2] https://www.tagesschau.de/ausland/amerika/attentate-us-praesidenten-100.html

Es gibt Antworten, Vorwürfe und die (weitere) Suche hat begonnen:

- Liegt es an der Gewaltbereitschaft der Amerikaner, an den Waffenarsenalen in privater Hand, an der Spaltung der Gesellschaft und deren Befeuerung durch die Medien, handelt(e) es sich um eine Verschwörung der Mafia oder eine Regierungsverschwörung von ganz oben?

In Bezug auf den Tod von John F. Kennedy beispielsweise sind all diese Fragen immer noch nicht endgültig geklärt ...

Religion

Der Glaube an mehrere oder ein höchstes Wesen ist alt, früheste Wurzeln reichen in die Anfänge der Menschheit zurück. Religionskritik, Religionsskeptizismus sowie Atheismus sind relativ jung.

Ludwig Feuerbachs These aus dem neunzehnten Jahrhundert, nicht Gott habe die Menschen nach seinem Bilde, sondern umgekehrt die Menschen hätten Gott nach ihren Wünschen und Projektionen gestaltet, war deshalb immer noch revolutionär, obwohl einige Denker vor ihm für ähnliche Aussagen schon mit ihrem Leben oder zumindest ihrer Reputation hatten zahlen müssen.

Der Glaube wurde von den Herrschenden seit jeher instrumentalisiert, als Macht- und Druckmittel eingesetzt. Die Gottkönige im alten Ägypten, Priesterreiche, die Machtstellung der Glaubensverkünder gegenüber den Gläubigen bis hin zum Gottesgnadentum des deutschen Kaisers noch im zwanzigsten Jahrhundert. Die Vorstellung eines ewigen (seligen) Lebens nach dem Tode – ein Glaube, der in unterschiedlichen Religionsgemeinschaften verbreitet ist – war unbestritten nützlich.

Er lenkte vom irdischen Jammertal ab, mit der Verheißung einer jenseitigen Gerechtigkeit.

„Die Religion ist das Opium des Volkes", formulierte Karl Marx.

Die westliche Welt, die man früher das christliche Abendland nannte, mit ihren Vorstellungen von Freiheit und Gerechtigkeit, von Menschen- und Bürgerrechten ist allerdings ohne die Ethik des Christentums mit ihrem Gebot von Nächstenliebe nicht vorstellbar.

Die RKI-Files und der Aufschrei der TUIs?

Nun sind sie also heraus, die ungeschwärzten RKI-Files, die ein sehr fragwürdiges Licht auf die Handhabung der wissenschaftlichen Erkenntnisse zu Corona durch die Regierung werfen. Viele Experten wussten davon – der breite Aufschrei jedoch unterblieb. Die Wissenschaftler, die es wagten, wurden diffamiert.

Nicht nur, was die Coronakrise betrifft – auch bei anderen wissenschaftlichen Erkenntnissen, die in der Vergangenheit zum Hinterfragen des Regierungshandelns hätten führen müssen, hielten sich die eigentlich dazu berufenen Experten in der öffentlichen Wahrnehmung auffällig zurück.

Vielleicht tatsächlich - vielleicht wurde die Kritik aber auch nur nicht oder kaum durch die Qualitätsmedien veröffentlicht. Beides könnte die Ursache sein.

Nur wenige Beispiele

- die verheerenden Folgen der Cannabislegalisierung
- die viel zu frühe Digitalisierung des Unterrichts, gar hinunter bis in die Kitas und die Grundschulen; das Schreiben nach Gehör; das Gendern mit seinen Folgen für das Textverständnis

- die Energiewende mit der Vernachlässigung der Folge-kosten hinsichtlich der grundlastfähigen Energieversor-gung
- die Umweltschädlichkeit der E-Mobilität

und vieles, vieles mehr ...

Mit der Rolle der Intellektuellen, von Wissenschaftlern, Experten, beschäftigte sich schon Bertolt Brecht. Aus **Tellekt-uell-in** machte er das Kunstwort **TUI**. Sein Interesse galt vor allem den TUIs im Kapitalismus.

„Die klügsten Köpfe bemühen sich nicht um die Erkenntnis der Wahrheit, sondern um die Erkenntnis, wie Vorteile zu erlangen sind durch die Unwahrheit. ... Dadurch fängt bei diesen Denkern alles an zu schillern, ihre Klassenlage schillert vom Herrenmenschen bis hin zum Lumpenproleten, die Bohème nicht zu vergessen; ihre Tendenz schillert von der skrupellosen Herrschaftslegitimation über die Kunst des Speichelleckens bis hin zur großartigen, über die Klassenschranken hinausleuchtenden idealischen Illusion."[209]

Ob allerdings der Sozialismus, den Brecht favorisierte und vertrat, die Lösung war/ist, um das oft leisetreterische, nach oben orientierte Verhalten von Intellektuellen zu verändern? Der folgende Witz aus dem real-existierenden Sozialismus spricht eine andere Sprache ...

Spielregeln für Intellektuelle
Wenn du etwas denkst, sage es nicht.
Wenn du etwas sagst, schreibe es nicht.
Wenn du etwas schreibst, veröffentliche es nicht.
Wenn du etwas veröffentlichst, wundere dich nicht.[210]

209

http://inkrit.de/neuinkrit/mediadaten/archivsonderband/AS011/AS011.pdf

[210] Dalos, G., Proletarier aller Länder, entschuldigt mich. Das Ende des Ostblockwitzes, Temmen 1993, S. 78.

In *Warum schweigen die Lämmer? Wie Elitendemokratie und Neo-liberalismus unsere Gesellschaft und unsere Lebensgrundlagen zerstö-ren*[211][3] konstatiert der Autor R. Mausfeld, dass Elitendemokratien wie die unsere nur durch allumfassende Indoktrinationssysteme überlebensfähig seien.

„Die Grundlage für solche Indoktrinationssysteme werden seit je durch bereitwillige Intellektuelle bereitgestellt, die eher den Interessen der Mächtigen verpflichtet sind als der Wahrheit und die dafür in geeigneter Weise gefördert und belohnt werden."

Rückkehr des Heldentums?

In Nazi-Deutschland gab es den Heldengedenktag.

In der Weimarer Republik davor und der BRD danach gedachte man stattdessen des Schmerzes und der Trauer, die Kriege über die Menschheit bringen – über Soldaten gleichermaßen wie Zivilisten. Statt eines Heldengedenktages gab und gibt es den *Volkstrauertag.*

Das Time-Magazine hat den ukrainischen Präsidenten Selenskyi zur Person des Jahres 2023 gekürt. Die Bild-Zeitung bezeichnet ihn als *Helden-Präsident,* Selenkyis Begrüßung in Washington läuft unter *Helden-Empfang.*

Am Ende seines Dramas «*Das Leben des Galilei*» lässt Brecht den Studenten Andrea Sarti sagen:
«*Unglücklich das Land, das keine Helden hat!*»

Und die berühmte Replik Galileo Galileis lautet:
«*Unglücklich das Land, das Helden nötig hat.*»

---

[211] 3. Aufl. Westend o.J., S. 124.

Russland warnt erneut vor drittem Weltkrieg[212]
In dem kurzen Video sagt die Sprecherin/Kommentatorin zum Schluss:
„Wie Russland reagieren wird, falls wirklich Nato-Truppen in der Ukraine kämpfen sollten, bleibt abzuwarten."

Wie bitte? Bleibt abzuwarten?
Da kann man mit Sahra Wagenknecht nur fragen: *„Haben Sie den Verstand verloren?"*
Krieg ist kein Videospiel, vom Sessel aus. Verhandlungen, Anstrengungen für den Frieden, Diplomatie – das muss von unseren Politikern endlich geleistet werden, bevor es zu spät ist.

Wegducken der Bürger, der Biedermeier-Rückzug ins Private, der nützt gar nichts. Die Bomben unterscheiden nicht, die treffen alle. Und vor denen ist man auch durch Zivilschutzübungen, wie Frau Stark-Watzinger fordert, nicht sicher.

„Putin ist zu feige für die Atombombe", meinte jüngst eine bekannte deutsche Politikerin.

Wollen wir, wie Hasardeure beim Russisch Roulette, es darauf ankommen lassen?

Sagen, was ist: Augstein lässt grüßen!

Rudolf – nicht das Rentier!

---

[212]   https://www.msn.com/de-de/video/other/russland-warnt-erneut-vor-drittem-weltkrieg/vi-BB1k4XRi?rc=1&ocid=winp1taskbar&cvid=e0b07aeef36944b8b430b21f33b21606&ei=6

Erinnert ihr euch noch an den Rudolf, Chefredakteur und lange Zeit Besitzer des Spiegels – mit seinem Motto für Journalisten: *Sagen, was ist?*

Erinnert Herr Merz sich wieder?
Vielleicht hat Herr Merz ihn auch nicht vergessen. Nach all der richtigen Haltung, die er und seine Politikerkollegen jetzt viele Jahre geäußert haben, also sagen, was sein *soll*, hat er sich vorgenommen, künftig *„mal Probleme zu adressieren"*.

Allerdings solle niemand denken – man muss ja vorbauen, – dass *„Das dann nicht gleich rechts (ist). Und das ist dann auch nicht gleich rassistisch."* (dpa)

Populismus? Merz weist Vorwürfe zurück!
Eine Definition von Populismus schiebt März zu seiner Verteidigung, er formuliere dann und wann populistisch, nach. *„Dem Volk aufs Maul zu schauen, ist Demokratie. Dem Volk nach dem Mund zu reden, ist Populismus."* (dpa)

Volkssouverän und Elite
Kann man da hinter den Zeilen auch bei Herrn Merz eine etwas merkwürdige Vorstellung vom Volkssouverän entdecken, der von der „Elite" belehrt werden muss?

Ob Herr Augstein sich „im Grabe herumgedreht" hat?

Schlafwandler: Wie Deutschland in seinen endgültig letzten Weltkrieg zog?

2013 legte Christopher Clark sein großes historisches Werk „Die Schlafwandler: Wie Europa in den Ersten Weltkrieg zog" vor. Für seine scharfsinnige Analyse erntete er Beachtung und Bewunderung.

Im Ankündigungstext auf Amazon heißt es:

„Lange Zeit galt es als ausgemacht, dass das deutsche Kaiserreich wegen seiner Großmachtträume die Hauptverantwortung am Ausbruch des Ersten Weltkriegs trug.

In seinem bahnbrechenden Werk kommt der renommierte Historiker und Bestsellerautor Christopher Clark zu einer anderen Einschätzung. Clark beschreibt minutiös die Interessen und Motivationen der wichtigsten politischen Akteure in den europäischen Metropolen und zeichnet das Bild einer komplexen Welt, in der gegenseitiges Misstrauen, Fehleinschätzungen, Überheblichkeit, Expansionspläne und nationalistische Bestrebungen zu einer Situation führten, in der ein Funke genügte, den Krieg auszulösen, dessen verheerende Folgen kaum jemand abzuschätzen vermochte."

Wer in den letzten zwei Jahren die Eskalationsspirale wahrgenommen hat, in die sich Deutschland als „Nicht-Kriegs-Partei" im Ukraine-Krieg begeben hat, stellt angstmachende Parallelen fest. Wer nicht aus der Geschichte lernt, ist er verurteilt, dass sie sich wiederholt? Schlafwandelnd, mit nicht sonderlich besorgt wirkenden Politikern, einige von ihnen gar siegessicher lächelnd, ohne landesweite Proteste, ohne Demonstrationen, ohne Aufschrei der Medien – ziehen die Deutschen wieder in den Krieg?

Unwahrscheinlich ist es nicht, dass dieser Krieg Deutschlands endgültig letzter wäre ...

Angst wäre momentan ein guter Ratgeber.

Stimmen

„Heute muss jeder Bewohner dieses Planeten auf den Tag gefasst sein, da der Planet nicht mehr bewohnbar ist. Jeder Mann, jede Frau und jedes Kind lebt unter einem nuklearen Damoklesschwert. Es hängt am dünnsten aller Fäden, der jeden Augenblick durch einen Zufall, eine Fehlkalkulation oder durch Wahnsinn durchgeschnitten werden kann."

John F. Kennedy 1961 vor den Vereinten Nationen

Ab 1. November 2024 soll es in Kraft treten: das Selbstbestimmungsgesetz, wonach Erwachsene und auch Teenager ab dem 15. Lebensjahr durch eine Erklärung beim zuständigen Standesamt über ihre Geschlechtszugehörigkeit bestimmen können.[213]

Geschlechtseintrag

Wer einwendet, das Geschlecht sei eigentlich kein Willensakt, hat Recht. 99, 9999 % aller Menschen in Deutschland werden mit einem eindeutigen biologischen Geschlecht geboren – [214] als Junge oder Mädchen. Sie haben Hoden und Penis oder Eierstöcke, Gebärmutter, Scheide und werden Brüste entwickeln. Durch ihren Körper sind sie mit spezifischen Hormonen ausgestattet, die sich vor allem in der Phase der Pubertät weiter ausdifferenzieren und entwickeln. Eltern wissen ein Lied davon zu singen, zu welchem Chaos dieser Gehirnumbau über einige Jahre führen kann. So brauchen Jugendliche beispielsweise auch die **Erlaubnis der Eltern für das Stechen eines Tattoos**, ein Arzt darf einer magersüchtigen Vierzehnjährigen **kein Fett absaugen**, auch wenn sie sich zu dick fühlt.

Straftäter werden teilweise bis zum 21. Lebensjahr nach Jugendstrafrecht abgeurteilt. Man weiß um die Unsicherheiten und Anpassungsschwierigkeiten, die ein junger Mensch in der Phase des Heranwachsens entwickelt.

Ein Jahr Gültigkeit

Mitten in dieser chaotischen Phase soll nun 14jährigen Jugendlichen, die sich in ihrer Geschlechtsrolle nicht wohl fühlen,

---

[213] https://www.bundesregierung.de/breg-de/themen/tipps-fuer-verbraucher/selbstbestimmungsgesetz-2215426

[214] https://www.aerzteblatt.de/nachrichten/109199/Zahl-der-Neugeborenen-ohne-eindeutige-Geschlechtszuordnung-gering

auch **gegen den Willen der Eltern** und mit Hilfe des Familiengerichts erlaubt sein, sich beim Standesamt unter einem anderen Geschlecht eintragen zu lassen? Oma und Opa, alle Lehrer und Mitschüler, das gesamte persönliche Umfeld sind nun gehalten, den Jugendlichen mit dem neuen Namen anzusprechen und seine Entscheidung nicht zu hinterfragen.

Die Aufmerksamkeit, der Aufruhr um die eigene Person, vielleicht wird der eine oder andere es sogar genießen; andere müssen es aushalten, auch wenn sie es sich doch alles „ganz anders vorgestellt haben"; ein Jahr hat der Eintrag Gültigkeit.

Geschlechtsumwandlung
Nun ist ein Papier, selbst ein Pass, auch die Verwendung eines neuen Namens in der persönlichen Umgebung mit einer Entscheidung über eine Geschlechts-umwandelnde Operation nicht im Entferntesten zu vergleichen.

Diese steht wohl aber eher im Raum, wenn der erste Schritt getan ist.[215]

„Weltweit ist die Anzahl der Jugendlichen mit einer sogenannten Geschlechtsdysphorie explodiert. ... Diese Entwicklung betrifft zu 80 Prozent biologische Frauen. In einer schwedischen Klinik nahm die Zahl der Mädchen, die sich als Jungen identifizieren, von 2008 bis 2019 von 80 auf 1190 zu. Ein britisches Spital vermeldete sogar einen Zuwachs von 4500 Prozent in den Jahren zwischen 2009 und 2016. In der Schweiz und in Deutschland fehlen zwar zentrale Register. Doch Spitäler in Zürich, München oder Hamburg verzeichnen einen ähnlichen Trend. ... Die Jugendlichen und Kinder, die das Gefühl haben, sich im falschen Körper zu befinden, und damit eine sogenannte Geschlechtsdysphorie aufweisen, treffen heute in vielen großen Kliniken auf Ärzte, die ihren Wunsch nach einem Geschlechtswechsel wenig hinterfragen. Im Gegenteil:

---

[215] Die Anfragen nach Geschlechts-umwandelnden Operationen sollen vor allem bei jungen Mädchen dramatisch angestiegen sein. Möglich wäre, dass auch der mediale Hype um dieses Thema dazu beiträgt.

*Recht umstandslos sind sogenannte Pubertätsblocker für 10-
oder 11-Jährige zu bekommen; bald sollen in Deutschland die
Hürden für geschlechtsangleichende Maßnahmen sogar noch
weiter gesenkt werden.*

Ist das im Sinne des Kindeswohls?

*Die wissenschaftlichen Erkenntnisse zum Thema sind lückenhaft –
doch sie zeigen: eher nicht. ... Bei einer großen Anzahl der Menschen
mit einer Geschlechtsdysphorie scheint tatsächlich nicht das Unbeha-
gen am eigenen Körper die tiefliegende Ursache der Probleme zu sein.
Denn überdurchschnittlich viele Betroffene haben mit psychischen Erkrankungen zu kämpfen. ... In einer kanadischen Nachuntersuchung
bei 25 Mädchen unter 12 Jahren mit Symptomen einer Geschlechtsdysphorie erwies sich: 3 bis 27 Jahre nach der ersten Vorstellung in der
Klinik hatte sich die gegengeschlechtliche Identifikation bei 88 Prozent
der Studienteilnehmerinnen aufgelöst. ... Auch in einer neuen Studie
aus dem Jahr 2021 mit 139 Jungen liegt der Anteil derjenigen, bei denen die Problematik von selbst verschwindet, bei mehr als 88 Prozent."* [216]

Sind bei einem jungen Menschen erst einmal der Penis, die
Hoden, die Brüste, die Eierstöcke, die Gebärmutter amputiert,
gibt es kein wirkliches Zurück mehr. Die Re-Transition, die Zu-
rückverwandlung und der Wunsch danach, soll zwar selten
sein[217], sie ist de facto ja auch nicht mehr möglich.

Lebenslang Hormone

Ein wichtiger (Neben)Aspekt: Ein umgewandelter Mensch
muss lebenslang Hormone einnehmen. Wer einmal den Beipack-
zettel von Hormontabletten oder -cremes gelesen hat, wird sicherlich, wenn irgend möglich, einen weiten Bogen um diese
Medikamente machen:

---

[216] https://www.nzz.ch/wissenschaft/transidentitaet-bei-kindern-
ist-eine-fruehe-operation-sinnvoll-ld.1660530

[217] Für die bisher wenigen Studien ist der Zeithorizont für eine valide Be-
urteilung zu kurz!

Schlaganfall, Thrombosen, Herzinfarkte, Krebs, die ganze Büchse der Pandora wird geöffnet – und das bei blutjungen gesunden Menschen!

... In der Schweiz und in Deutschland gibt es keine Altersgrenze für den Beginn der Behandlung (mit Pubertätsblockern).

... über die Langzeiteffekte von Pubertätsblockern gibt es bis jetzt tatsächlich keinerlei wissenschaftliche Evidenz: Experimente an Tieren geben aber Hinweise darauf, dass durch die Einnahme möglicherweise Schäden an den Knochen und Schwierigkeiten mit der emotionalen und geistigen Entwicklung zu erwarten sind.

... Die Ludwig-Maximilian-Universität München, an der Korte[218] arbeitet, gibt keine Pubertätsblocker an Jugendliche – anders als beispielsweise die Spitäler in Zürich, Frankfurt oder Münster.

... Mit dem neuen Selbstbestimmungsgesetz soll auch gegen den Willen der Eltern die Entscheidung von Kindern und Jugendlichen ab 10 oder 11 Jahren bindend sein. Und die Behandlung muss schon heute von Gesetzes wegen «affirmativ» geschehen: «Das bedeutet, Ärzte und Psychotherapeuten hinterfragen den Wunsch nach einer geschlechtsangleichenden Behandlung absolut nicht», erklärt Korte."[219]

Nadia Brönimann ist eine Betroffene, die sich vor 25 Jahren einer geschlechtsangleichenden Operation unterzogen hat, heute allerdings *„die Unversehrtheit des eigenen Körpers als höchstes Gut"* ansieht. Sie ist nur **eine** Stimme – aber vielleicht sollte ihre Stellungnahme trotzdem eine Warnung sein?

„Was ich als junger Mensch vor allem wollte, war: raus aus meiner Haut. Ich war ein unglückliches Kind und ein unglücklicher Jugendlicher. ... Ich glaube nicht, dass der Geschlechtswechsel die Lösung meiner Probleme war.

---

[218] Siehe nächste Fußnote.

[219] https://www.nzz.ch/wissenschaft/transidentitaet-bei-kindern-ist-eine-fruehe-operation-sinnvoll-ld.1660530

Wenn ich in einer Psychotherapie gelernt hätte, mich mit mir selbst wohler zu fühlen, wahrscheinlich wäre ich dann heute noch körperlich ein Mann. "[220]

Sozialistische Einheitspartei Deutschlands (SED)

1945 hatte Stalin, vor allem aus Rücksicht auf die anderen Alliierten, in der sowjetisch besetzten Zone Parteien erlaubt. Die KPD, SPD, LDP und CDU gründeten sich; viele Sozialdemokraten bedauerten zunächst, dass die Linke erneut in zwei Parteien gespalten war.

„Wir sind sehr enttäuscht, dass es wieder zwei Arbeiterparteien geben wird – wir wünschen uns eine sofortige Einheitspartei. [...] Manche machten sich sogar schon Gedanken über einen Namen, Sozialistische Einheitspartei wurde vorgeschlagen oder Partei der Werktätigen. "[221]

Nur ein Jahr später bedurfte es allerdings starken Drucks der Sowjetunion, damit der Zusammenschluss von *Kommunistischer Partei* und *SPD* zur *SED* besiegelt werden konnte. Stalin hatte die Vereinigung von *KPD* und *SPD* befohlen und sogar einen Zeitrahmen festgelegt: Bis zum 1.Mai 1946 müsse die Gründung der Einheitspartei vollzogen sein.

Der Alliierte Kontrollrat hatte bekanntgegeben, dass im Laufe des Jahres 1946 in allen Zonen und Ländern Kommunal- und Landtagswahlen stattfinden würden.

Nach den Erfahrungen in Österreich, wo die Sozialdemokraten fast zwanzig Mal so viele Stimmen wie die Kommunisten errungen hatten, wussten Stalin und die Kommunisten, wo die *KPD* und die *SPD* nach den Wahlen stehen würden.

---

[220] Ebda.
[221] Leonhard, W., Meine Geschichte der DDR, 1. Aufl., Rowohlt Berlin 2007, S. 76.

Den Führer der *SPD, Otto Grotewohl,* hielt man für einen strikten Gegner der Vereinigung. Umso überraschter waren alle über seine Zustimmung. Er hatte wohl gehofft, durch die Vereinigung werde die Sowjetunion zumindest teilweise auf ihren Einfluss verzichten.

„Die neugeschaffene Sozialistische Einheitspartei wird eine so starke Kraft sein, dass wir auf die Bajonette der Russen nicht mehr angewiesen sind."[222]

In den folgenden Jahren wurden alle anderen Parteien gleichgeschaltet. Ein Teil ihrer Parteiführer und -mitglieder passte sich an, andere wurden verhaftet oder hingerichtet. Bei der *OST-CDU* geht man von mehr als 2000 Verfolgten aus.[223] Viele flüchteten in die Bundesrepublik (z.B. Hans-Dietrich Genscher, Wolfgang Mischnick oder Burkhard Hirsch von der *LDP*). Bis 1955 war die *SED* in eine marxistisch-leninistische Kaderpartei nach dem Vorbild der *KPdSU* umgewandelt. Das Zentralkomitee mit Politbüro und Sekretariat und dem Ersten Sekretär bildete die Machtzentrale. Nach dem Sturz der *SED*-Herrschaft beschloss ein außerordentlicher Parteitag Veränderungen der Parteistruktur. 1990 benannte sich die *SED* in Partei des Demokratischen Sozialismus (*PDS*) um. 2007 verschmolz die *PDS* mit einer Abspaltung der *SPD* zur Partei *Die Linke.*

---

[222] Leonhard, W., a.a.O., S. 83.

[223] Buchstab, G. (Hrsg.), Verfolgt und entrechtet. Die Ausschaltung Christlicher Demokraten unter sowjetischer Besatzung und SED-Herrschaft 1945-1961, Droste Verlag, Eine Veröffentlichung der Konrad Adenauer Stiftung Sankt Augustin 1998, S. V.

Durch Rede-Strategien[224] die wahren Absichten zu verschleiern, hat eine lange Tradition. Oft waren Taktiken dem Umstand geschuldet, dass man für das Aussprechen seiner wahren Absichten von den Mächtigen verfolgt worden wäre.[225]

Der *Narr* der alten Zeiten war solch eine Erfindung.

„In der höfischen Kultur, die ihre eigene Verlogenheit kultiviert hatte, war der Narr der Einzige, der jedem die Wahrheit sagen durfte. Und jeder musste sie anhören. Die Herrscher gönnten sich in der Gestalt ihres Hofnarren eine direkte Konfrontation. Vielleicht waren sie sogar ein wenig neidisch auf ihren Spaßmacher. Denn dieser Possenreißer war der einzig freie Mann am Hof."[226]

Seine Wahrheiten kamen lustig daher, niemand nahm ihn wirklich ernst, er vermied die Verfolgung – was allerdings nicht immer gelang.

Unterschiedliche literarische Textsorten entwickelten sich, um mit Uneigentlichem das Eigentliche zu sagen: In der *Fabel* legte man *Tieren* Wahrheiten und Lehren in den Mund, *Gleichnisse, Parabeln* dienten als Beispielgeschichten. Wer ganze Gesellschaftssysteme kritisieren, aber seinen Kopf behalten wollte, wich auf *Utopien* aus. Dort analysierte, kritisierte man gegenwärtige Schwächen, eröffnete einen Blick auf die wünschenswerten

---

[224] Schreiben als schriftliche Niederlegung der Rede; **Rhetorik** ist die **Kunst der Rede**. Ihre Aufgabe ist es, den Zuhörer/Leser von einer Aussage zu überzeugen oder zu einer bestimmten Handlung zu bewegen. (Siehe ähnlich wikipedia, *Rhetorik*)

[225] Die folgende Darstellung erhebt keinerlei Anspruch auf Vollständigkeit; sie gibt einen ersten, kurzen Überblick.

[226] https://www.luther2017.de/martin-luther/geschichte-geschichten/von-der-narrenfreiheit-als-erbe-der-reformation/index.html

Veränderungen.[227] *Dystopien* ermöglich(t)en einen Blick auf die Zukunft des Gegenwärtigen und seine möglichen Fehlentwicklungen.

In den durch Unfreiheit gekennzeichneten Systemen der neuesten Geschichte und Gegenwart, den Diktaturen unterschiedlicher Couleur, entwickelten sich neue Strategien.

Die *Flüsterwitze* des Dritten Reiches, *subversiver* Humor, das Kabarett und *Samisdat*[228] in den sozialistischen Diktaturen – sie alle tragen und trugen zu Kritik und Aufklärung bei.

„Der Begriff Samisdat kommt aus dem Russischen und bedeutet Selbstverlag. Er beschreibt die Herstellung und Verbreitung von Texten in den sozialistischen Staaten Ost(mittel)europas ohne offizielle Druckgenehmigung an den staatlichen Zensurbehörden vorbei. ...

Die inhaltliche Bandbreite der selbst hergestellten Blattsammlungen, (Künstler-)bücher, Hefte und sogar ganzer Zeitschriftenreihen reichte von Klassikern der Weltliteratur über avantgardistische Gedichte bis hin zu religiösen Texten, politischen Pamphleten, Rechtsliteratur oder Gesetzestexten. ...

Das Risiko staatlicher Verfolgung – von Repressalien im beruflichen Fortkommen bis hin zur Zwangseinweisung in psychiatrische Kliniken und Lagerhaft – bestand bis zum Zusammenbruch der Sowjetunion für alle, die an der Herstellung oder Verbreitung von Samisdatschriften beteiligt waren."[229]

---

[227] *Thomas Morus (1478-1535) gilt mit seinem Werk De optimo statu rei publicae deque nova insula* **Utopia** *als Erfinder dieses Genres. Hingerichtet wurde er, aber nicht wegen Verfassung seiner Schrift. (wikipedia)*
[228] https://www.dekoder.org/de/gnose/samisdat
[229] https://www.dekoder.org/de/gnose/samisdat

Sprache bestimmt das Bewusstsein?

Viele Jahrzehnte war uns Deutschen die Sprache mehr oder weniger egal; im Westen geschah nichts Neues, die deutsche Sprache schien ehern in ihrem Bett zu ruhen, wir sprachen, schrieben und lasen sie – und die meisten fanden sie schön. Sprachanalyse war vorwiegend etwas für Linguisten.

Wer schafft Sprache, wer verändert sie und warum?
Üblicherweise jene, die sie sprechen und schreiben – wir. An gezielter Veränderung haben wir wenig Interesse. Höchstens einmal benutzen wir die Sprache nachlässig. Wir sind zu faul, vollständige Worte auszusprechen und zu schreiben: Folge ist der Abkürzungswahn. Die Vermischung von Englisch und Deutsch – das sogenannte Denglisch – das müssen wir normalen Sprecher wohl auch verantworten.
T4U; B to B-Communication usw. ...

Professionelle Sprecher und Schreiber
Die professionellen Sprecher und Schreiber, die „verhunzen" und verändern unsere Sprache eher gezielt, heute wegen der „Haltung", die sie selbst alle haben (sollen). Und die sie uns, dem Volk, durch Sprache beibringen müssen.

Sprachungetüme, Wortneuschöpfungen, Bedeutungsveränderungen
Um einige zu nennen ...
die Genderei, die wohl kaum etwas zur Emanzipation der Frauen beiträgt, aber zu unsinnigen oder Schluckauf-geprägten Sprechakten und Texten führt.
„Mitarbeitende versammeln sich heute zu den Mitarbeitenden-Gesprächen."
Ob die Gespräche selbst jetzt auch schon mitarbeiten?

Die Sprachneuschöpfungen und Wort-Bedeutungsveränderungen, die uns eingetrichtert werden, damit unser Denken sich endlich in die richtigen Bahnen bewegt.

Populismus, ein neuer Begriff seit etwa zwanzig Jahren. Heute wimmelt es nur so von Rechtspopulisten, inzwischen auch von Populisten von links – und klar ist, dass in dem Wort Populismus zwar das „Volk" = „Populus" steckt, es aber ein negativ abwertender Begriff ist.

Gleichzeitig hat „*Elite*" (die Auserwählten) mittlerweile Hochkonjunktur.

Nicht zu vergessen die „*Alternativlosigkeit*", die Frau Merkel der pluralistischen Demokratie beschert hat, einer Staatsform, die alternative Interessen zum Ausgleich bringen soll ...

Manche Begriffe werden *umgedeutet.*

Eine „*nachhaltige*" Wirkung war früher eine, die sichtbar war, veränderte. Heute ist eine „nachhaltige" Energiewirtschaft eine, die **keine** Wirkungen auf die Zukunft hinterlässt.

Also, viel Spaß zukünftig bei der Sprachanalyse. Die ist nicht nur etwas für Linguisten ...

Sprache: Wie sie prägt, was sie verrät ...

Neue Wörter, Überschriften, Zustände:

Melonisierung, Klimaleugner, Gästinnen, Mitarbeitenden Gespräche, Opfer, Propagandaopfer, Mainstream, kriegstüchtig, Kollateralschäden, zweiundsiebzig Geschlechter, Delegitimierung des Staates, Agent provocateur, rechtspopulistisch, rechtsradikal, Nazi ...

Status-quo-Vorurteil (status-quo-bias)

Wundern Sie sich auch oft über Wahlumfragen?

Der status-quo-bias

Wir Menschen haben eine „*natürliche Neigung, den jeweiligen Zustand der Gesellschaft, in der wir leben, als gut, gerecht, moralisch legitim, erstrebenswert usw. anzusehen. Wir neigen dazu, den gesellschaftlichen Status quo allen Alternativen vorzuziehen, und zwar auch dann, wenn diese objektiv besser sind. ... (Und wir) neigen ... dazu, diejenigen eher negativ einzuschätzen, die den Status quo verändern wollen.*"[230]

Wir „Schäfchen" lernen also unsere Lektionen? Wo gestern Wohlstand, Frieden, Freiheit draufstand, ist heute nach wie vor Wohlstand, Frieden, Freiheit drin? Wo XX draufsteht, ist noch XX drin?

Macht, was ihr wollt, wir wählen euch doch?

Stimmungsbarometer Landtagswahl?

*Zugegeben, es war im April 2023 nur eine Landtagswahl. Aber dass **die FPÖ** und die **kommunistische Partei Österreichs** derartige Zugewinne verzeichnen konnten, lässt aufhorchen.[231] Ob unsere österreichischen Nachbarn sich nach **deutlich voneinander unterschiedenen Alternativen** sehnen?*

---

[230] Mausfeld, R., Warum schweigen die Lämmer? Wie Elitendemokratie und Neoliberalismus unsere Gesellschaft und unsere Lebensgrundlagen zerstören, Westend Verlag, Frankfurt a.M., 3. Aufl. 2018, S. 128f.
[231] https://www.zeit.de/politik/ausland/2023-04/oesterreich-salzburg-landtagswahl-fpoe-kommunisten

Ähnliche Botschaften, Allianzen?

Wurde dort wie hier von den Eliten aus der „Zivilgesellschaft", den Philanthropen, den mächtigen NGOs, den Parteien „des demokratischen Spektrums" eine amorphe Überzeugungs-Masse, sich heutige Mitte nennend, zusammengerührt? Systemüberwindung, Systemwechsel, von Weltwirtschaftsforum, großen wohltätigen Stiftungen, der CDU bis zu den Grünen vernahm man ähnliche Botschaften …

Letzthin gab es wohl in Österreich wie auch bei uns in **der sogenannten Mitte** ein ziemliches Getrappel …

Sündenfall Beweislastumkehr?

Für Clanmitglieder?

Klingt doch erst einmal gut; Clan-Mitgliedern soll man nicht nachweisen müssen, dass ihre Millionen unrechtmäßig erworben wurden, sie müssen das Gegenteil selbst beweisen: Beweislastumkehr.

Da hat Frau Faeser den Beifall schnell auf ihrer Seite.

Für Beamte?

Beweislastumkehr ist aber, als Bruch mit einer uralten Rechtsnorm, mehr als gefährlich, ist sie erst einmal hoffähig gemacht. Frau Faeser wollte sie schon einmal haben: Beamte sollten selbst nachweisen, dass sie nicht (rechts)radikal seien. Die (Links)extremen nahm sie damals von dieser Pflicht, die sie so dringlich verlangte und nach Tagen zurücknehmen musste, (noch?) aus.

In dubio pro reo

In dubio pro reo, im Zweifelsfalle für den Angeklagten, dieser Rechtsgrundsatz hat Jahrtausende die Individuen (zumindest teilweise) vor der Willkür des Staates geschützt. Diesen Rechtsgrundsatz aufzuweichen – das wäre wohl der Sündenfall.

Herrschaftsoligarchie?
Trump hat ihn jüngst wieder erwähnt, den tiefen Staat, die mäch-
tige Herrschaftsoligarchie, die sich hinter der Fassade der liberalen De-
mokratie verbergen soll.

Recherchiert man im Netz den Begriff, so mag aufgrund der
Fülle der entsprechenden Artikel der Eindruck naheliegen, er
gehe zurück auf eine Verschwörungslegende rechter Populisten
oder gar Rechtsradikaler. Begibt sich der unerschrockene Leser
auf die Suche nach einer tiefergehenden Analyse des Begriffes,
wird er fündig.

In dem in vierter Auflage erschienenen Buch „*Fassadendemo-*
kratie und **tiefer Staat.** *Auf dem Weg in ein autoritäres Zeitalter,*
Promedia 2018" steht viel Kritisches über das politische System
der USA und der Berliner Republik. Ist aber eher links.

Linke oder rechte Kritik?
Auf seinen Kompass von links und rechts kann sich der ver-
unsicherte Staatsbürger unserer Tage nur noch eingeschränkt
verlassen …

Tod dem weißen Spargel?

Wann immer ein Ehrentag für etwas oder jemanden ausgerufen
wird, liegt der Verdacht nahe, dass das nötig ist. Am 5. Mai 2023 ha-
ben die deutschen Spargelanbauer erstmalig den Tag des deutschen
Spargels ausgerufen: Eine Weltpremiere.

Zu viel Mühe
Um das edle Gemüse ist es nämlich eher schlecht bestellt. Die
Nachfrage ist geringer geworden, die Anbaufläche gesunken.

Und das größte Problem ist ein demographisches. Laut einer Umfrage von YouGov ist den Jüngeren das Spargelschälen – circa zwanzig Minuten für ein Kilogramm – zu zeitaufwändig. Mehrere Töpfe – für Kartoffeln, Soße und vielleicht noch Fleisch – waschen, auch. Da hat der Wok, alles in einem Topf oder gar ein Essen to go in der Bowl die Nase vorn. Mehrere Bestecke überflüssig, ein Löffel für alles reicht!

Tod dem Fleiß?
Sind die jungen Leute faul? Ist der sprichwörtliche Fleiß der Deutschen, die in aller Welt bewunderte Sekundärtugend, auf dem Rückzug?

Armes Deutschland
Wenn's nur um das Spargelessen geht, ist die (möglicherweise) zunehmende Bequemlichkeit der nachwachsenden Generation zu verschmerzen. Aber – wie sieht es zum Beispiel mit dem (Bücher)Lesen und der Bildung aus? Werden nur Überschriften gescannt, Hashtags überflogen? Ist das Durchdringen eines Problems von der ersten bis zur letzten Seite out? Und – werden weitreichende Entscheidungen schon jetzt und zukünftig nur noch mit der heißen Nadel gestrickt?
Müssen wir uns zukünftig auf Kompetenz-Simulation statt wirklichem Können einstellen?

Totalitarismus

Nach Hannah Arendt ist Totalitarismus eine rechte oder linke Ideologie, die in alle sozialen Verhältnisse hineinzuwirken strebt, oft verbunden mit dem Anspruch, einen „neuen Menschen" gemäß einer bestimmten Ideologie zu formen.

Eine totalitäre Diktatur erfordert von den Beherrschten eine äußerst aktive Beteiligung am Staatsleben sowie dessen Weiterentwicklung in eine Richtung, die durch die jeweilige Ideologie angewiesen wird. Bereits die Schreckensherrschaft der Jakobiner, vor allem unter Robespierre, weist totalitäre Züge auf; die volle Ausprägung findet sich erst seit dem 20. Jahrhundert.

Typisch ist die dauerhafte Mobilisierung in Massenorganisationen und die Ausgrenzung bis hin zur Tötung derer, die sich den totalen Herrschaftsansprüchen tatsächlich oder möglicherweise widersetzen. Als politisches Gegenmodell zum Totalitarismus gilt der demokratisch-freiheitliche Rechtsstaat mit der durch Grundrechte, Gewaltenteilung und Verfassung gewährleisteten Freiheit der Staatsbürger.

Sowohl *Nationalsozialismus* als auch *Stalinismus* werden überwiegend als Prototypen totalitärer Regime eingeordnet.

Traum oder Albtraum von der Einen Welt

Vom Zerbröseln von Überzeugungen und Allianzen
Man hat sich in den letzten zwei Jahrzehnten so manches Mal gewundert, dass die Welt des Kapitals und die eher links gewirkten Parteien[232], NGOs und die Interessenverbände der Arbeitnehmer scheinbar alle an einem Strang zogen.

Auch in den meisten Ländern Europas und den USA, dem selbst ernannten „Werte-Westen", konnte der aufmerksame Beobachter und Leser gleichartige Tendenzen in der veröffentlichten Meinung ausmachen, *eine scheinbare Zielharmonie:* bei Klimawandelpositionen, Nachhaltigkeit, Diversität und Geschlechterpolitik, Migration, Coronapolitik und Impfzwang, dem Krieg in der Ukraine.

---

[232] die sich selbst in der umkämpft-bewunderten Mitte verorten …

Dieser mainstreamige Gleichschritt hat nicht wenigen Bürgern, die in der widerspruchsverwöhnten pluralistischen Demokratie aufgewachsen sind, Angst gemacht, die einen zum Demonstrieren, die anderen zum Biedermeier-mäßigen Rückzug ins Private veranlasst. Viele wendeten ihre Aufmerksamkeit der AFD zu, jetzt dem Bündnis Sarah Wagenknecht und der Werte-Union.

Würde dieser gemeinsame Strang zwischen Politik, Kapital, Arbeit und „zivilgesellschaftlichen" Interessengruppen irgendwann porös, würde diese merkwürdige Allianz irgendwann zerbröseln?

In den letzten Monaten kamen die ersten Knackpunkte:

die Rechtsbrüche der Klimawandel-Panik-Geplagten, die, den Weltuntergang vor Augen, sich selbst „Letzte Generation" nennen. Sollte die Exekutive diese Leute sanktionieren, wo doch gestern noch in fast jedem Medium von der drohenden Katastrophe die Rede war?

Und jetzt der Überfall der Hamas und die israelische Gegenoffensive: Thunberg und Neubauer haben unterschiedliche Positionen, gehen auf Distanz! Aus den Reihen der CDU hört man, der politische Islam sei eine Bedrohung.[233]

Im internationalen *Wertewesten* schwindet die Gewissheit, dass die Ukraine den Krieg gewinnen wird, ihn gewinnen muss. Kann der Konflikt eben doch nicht militärisch gelöst werden?

Weltweite Zielharmonien anzunehmen, der Traum von der Einen Welt, in der die nationalen Grenzen verschwunden sind, ist unrealistisch. Aber viel mehr als das: Es ist eine Nacht-Mär, die allerdings in vielen Köpfen im Gewand von *Sozialistischer Weltrevolution*, *Global Governance* oder der *Eine-Welt-Ideologie*, die durch erdumspannende digitale Vernetzung möglich sei, geträumt wird.

---

[233] https://www.cdu.de/artikel/der-politische-islamismus-eine-verkannte-gefahr

Man kann mit Friedrich August von Hayek[234] nach wie vor nur hoffen, dass dieser Irrgänger in den Köpfen bald ausgeträumt ist.

„Wer käme auch nur auf die Idee, zu behaupten, dass es irgendwelche gemeinsamen Ideale einer gerechten Verteilung gäbe?... Wenn man glaubt, dass das Wirtschaftsleben eines riesigen Gebietes, das viele verschiedene Völker umfasst, auf Grund eines demokratischen Verfahrens gelenkt und geplant werden könne, so verrät man völlige Unkenntnis der Probleme.[235]"

Tugend und Terror

Mit der Tugend, der Fähigkeit des Menschen zu einem im sittlichen Sinne guten Verhalten, ist es seit jeher so eine Sache ...

In ihren Ausprägungen nimmt sie nicht selten eine negative Färbung an: der Tugendwächter, der Tugendapostel, die tugendhafte Jungfrau, über deren prüde Sexualmoral sich moderne Frauen heute mokieren. Und die tugendbesessene Queen Victoria, die die Sonntagsvergnügungen im Britannien des neunzehnten Jahrhunderts verbieten ließ.

Ihre Zuneigung zu ihrem Diener John Brown soll sich allerdings aus sehr unterschiedlichen Quellen gespeist haben!

Ist der normale Mensch eben doch aus Tugend und Laster zusammengesetzt, sind seine – hoffentlich kleinen – Schwächen etwas, das ihn erst liebenswert, eben menschlich macht? Ist übertriebene Tugend manchmal sogar eine Gefahr?

Für das einzelne Individuum wohl. Die unterdrückende Erziehung vergangener Jahrhunderte machte – glaubt man Sigmund Freud und seinen Epigonen – krank.

---

[234] Der Weg zur Knechtschaft, a.a.O., S. 274f.
[235] Neue Rechtschreibung vom Verfasser.

Und für Gesellschaften? Die Sekten, die ein reines, gottgefälliges Reich auf Erden errichten wollten und dabei in rasenden Terror verfielen, sind zahlreich.

Tugend hat allerdings für ihre vermeintlichen Träger einen nicht zu unterschätzenden Vorteil: Da ihre Motive hehr und lauter sind, entrücken sie sich aller Kritik, sind Kritik-immun. Wer konnte es wagen, die heilige Inquisition, die Reinigung der kommunistischen Partei durch ihre Säuberungswellen zu hinterfragen?

Eins der bekanntesten historischen Beispiele für entartete Tugend ist die Jakobinerherrschaft in Frankreich von 1792 bis 1794, die mit dem Namen Robespierre verbunden ist.

„Alle hat dieser unscheinbare Mann beseitigt. […] Der Tribun, der Aufrührer, der Führer, der Schriftsteller, der Redner und der Denker der jungen Republik, ist er nun alles in einer Person, ihr Pontifex maximus, Diktator und Triumphator; […]in seine Tugend gehüllt wie in einen Panzer, unnahbar, undurchdringlich, mustert […] der Unbestechliche die Arena im stolzen Bewusstsein, dass sich jetzt keiner mehr wider seinen Willen zu erheben wage."[236]

Unerschrockene Leser

Als der von der Kirchenmacht als Ketzer verfemte Augustinermönch Martinus Luther 1517 an der Schlosskirche zu Wittenberg seine fünfundneunzig Thesen anbrachte, gab es genug Unerschrockene. Sie ließen sich nicht davon abhalten, Luthers Worte zu lesen. Diese entfalteten Wirkung: Die Reformation war geboren.

---

[236] Zweig, Stefan, Joseph Fouché, Bildnis eines politischen Menschen, Fischer Taschenbuch Verlag, Frankfurt a.M. 952, 44. Auflage 2001, S.73; Anpassung der Zeichensetzung und an neue Rechtschreibung durch den Verfasser.

Vor fünfhundert Jahren, zu jener Zeit, hatte man bei Auflehnung gegen die Obrigkeit noch viel zu befürchten: Kirchenbann, Vogelfreiheit, letztlich den Tod. Das ist heute Gottseidank nicht mehr so. Also las ich vor Kurzem unerschrocken ein Buch aus einem umstrittenen Verlag, umstrittene Thesen von einem umstrittenen Autor. Neue Sichtweisen auf etwas bekommt man nach aller Erfahrung nicht selten von Außenseitern. In der Wilhelminischen Zeit wurden solche Leute mit einem kritischen Blick auf den damaligen Staat als *Querulanten verfolgt*, in den Achtzigern des 20. Jahrhunderts als *Querdenker begrüßt* und während der Corona-Zeit unter dem gleichen Begriff als Aufrührer und unerwünschte Gesellen verachtet. Im Dritten Reich hatten die Mächtigen eine Heidenangst vor solchen Volksgenossen, verbrannten öffentlich deren Bücher. In der DDR galt: *Feind ist, wer anders denkt.*

Trigger-Warnungen sind überflüssig
Unerschrockenes Lesen fördert auf jeden Fall und zu jeder Zeit die eigene Beurteilungskompetenz, es tut überhaupt nicht weh, Trigger-Warnungen sind überflüssig.

Unsere Welt im Jahr 2045?

Chance oder Risiko?
Digitalisierung und künstliche Intelligenz (KI) – sie sind geeignet, die Welt von heute in den nächsten zwanzig Jahren aus den Angeln zu heben. Kai-Fu Lee, der wohl international bekannteste KI-Experte, spricht von nicht weniger als einer neuen Weltordnung.

Herrschaft im Mittelalter
Um ihre Untertanen im Heiligen Römischen Reich deutscher Nation im Zaum zu halten, mussten die Kaiser des Früh- und Hochmittelalters reisen.

Sie bauten, meist dreißig Kilometer, eine Tagesreise auseinander liegend, ihr Kaiserpfalzen, um dort Amtshandlungen vorzunehmen und durch Präsenz ihre Herrschaft zu festigen.

Herrschaft im virtuellen Dorf
Amtshandlungen, Anweisungen, Erlasse, Gesetze, Befehle, Überwachung – um sie durchzusetzen, bedarf es heute vor allem eins: des Internets mit seinen Datensammlungen und Algorithmen. Plötzlich ist die Welt zusammengerückt zur Größe eines virtuellen Dorfes und der Dorfschulze kann sich zum Weltherrscher aufschwingen. Vorbei die Zeiten, wo man Politiker oder Diktatoren für größenwahnsinnig erklärte, weil sie nach der globalen Herrschaft trachteten? *Global governance* – dieser Begriff, der aus der Wirtschaft stammt und globale Führung meint, hat heute Hochkonjunktur. Der globale Weltstaat ohne nationale Grenzen – den nur noch einzelne Schurkenstaaten verhindern wollen und die deshalb bekämpft werden müssen – der globale Markt, der globale Einflussbereich; so mancher aus der sogenannten Weltelite scheint von diesem Ideal zu träumen und es umsetzen zu wollen: Transformation, Systemwechsel, Überwindung des gegenwärtigen Systems.

Digitalisierung und Freiheit
Bleibt im Zuge der allumfassenden Digitalisierung der Datenschutz, die persönliche Sphäre, die Freiheit des Individuums erhalten? Die Abschaffung von Bargeld – soll wirklich jeder oder auch nur sogenannte „Berechtigte" wissen, was ich kaufe? Die elektronische Patientenakte – soll auf einen Blick ersichtlich sein, welche Krankheiten oder Süchte, welche gesundheitlichen Gefährdungen der einzelne hat oder gehabt hat?

Sollen Kameras und Horchposten jegliche Kommunikation aufzeichnen, jeden Aufenthaltsort nachvollziehen können und bei Bedarf mit Algorithmen durchsuchen lassen, so dass wir zu gläsernen Menschen ohne jedes Geheimnis werden?

KI, Kriege und die Zukunft

Die Quantensprünge bei der künstlichen Intelligenz durch Deep Learning sind erst kürzlich durch das Auftauchen von ChatGPT, einem Textwerkzeug, das kommunizieren kann, das selbständig Briefe verfasst, und in nicht allzu ferner Zukunft wohl Bücher und hochklassige wissenschaftliche Arbeiten, deutlich geworden. Künstliche Intelligenz wird die Industrieproduktion, die Verwaltung, die Service-Bereiche revolutionieren – und, so zumindest die Voraussage des Experten Kai-Fu Lee, zu enormen Produktivitätssteigerungen einerseits und Massenarbeitslosigkeit andererseits führen. Wie werden die Gewinne dann verteilt? Bekommen die zahllosen Arbeitslosen ein bedingungsloses Grundeinkommen, weil sonst soziale Unruhen drohen? Werden uns Polizeiroboter kontrollieren, elektronische Lehrer unterrichten, ferngesteuerte Drohnen Kriege führen, Maschinen irgendwann im qualitativen Umschlag intelligenter als die Menschheit selbst werden und die Herrschaft über uns an sich reißen?

Oder wird doch alles wieder ganz anders, weil Kriege oder falsche Entscheidungen uns in der Entwicklung zurückwerfen, so dass die Zukunft ein Rückschritt sein wird?

In der Gewissheit oder Hoffnung von Wird-schon-gut-gehen im Sessel Fernsehen zu schauen oder möglicherweise auf Aliens zu hoffen, die die Zukunft im Sinne der Erhaltung einer menschenwürdigen Existenz für uns beeinflussen werden, ist vermutlich keine gute Idee ...

Versammlungsfreiheitsgesetz

„Nach Art. 8 Abs. 1 des Grundgesetzes (GG) haben alle Deutschen das Recht, sich ohne Anmeldung oder Erlaubnis friedlich und ohne Waffen zu versammeln. Dieses Grundrecht ermöglicht es den Bürgerinnen und Bürgern, sich aktiv am politischen Meinungs- und Willensbildungsprozess zu beteiligen."

Aus welchen Gründen verabschiedete der hessische Landtag dann kürzlich das Versammlungs*freiheits*gesetz?

Die FAZ meint ...[237]
***Zitat 1:** „Mit einem Versammlungsfreiheitsgesetz soll die friedliche Demonstrationskultur in Hessen weiter gestärkt werden. ... Der Staat kontrolliert (doch) nicht willkürlich."*
***Zitat 2:** „Wenn, ganz gleich, bei welcher Art von Demonstration, es nichts zu beanstanden gibt, wird es auch nichts zu kontrollieren geben. So einfach ist das."*
***Zitat 3:** „Würden sie nicht jubeln, wenn sie morgen schon rechtsextreme Gruppierungen beträfe, die vor einem Aufmarsch auf Waffen und andere gefährliche Gegenstände hin kontrolliert würden?"*

Die FAZ erzählt uns auch noch, wie künftig demonstriert werden **darf** ...[238]
Und man dachte, die Versammlungsfreiheit sei ein Grundrecht für alle Bürger ...

Viren, ein ewig virulentes Thema

Heute Morgen las ich im Internet, es gebe eine neue Corona-Variante. Sie sei auf dem Vormarsch. Und gleich wurden auch Zeugen benannt, die schon immer gewusst hätten, dass das Thema wieder aufleben werde. Erinnern wir uns ...
Als die Corona-Krise begann...

---

[237] https://www.faz.net/aktuell/rhein-main/region-und-hessen/kommentar-zu-versammlungsgesetz-keine-willkuer-18760799.html

[238] https://www.faz.net/aktuell/rhein-main/versammlungen-in-hessen-wie-darf-kuenftig-demonstriert-werden-18760796.html

machten gegenseitige Vorwürfe, vor allem zwischen Amerikanern und Chinesen, die Runde.

Noch vergleichsweise harmlos mutete die Unterstellung an, das Virus sei aus einem nicht ausreichend gesicherten chinesischen Labor beziehungsweise mit einem Laborversuchstier, einer Fledermaus, entwichen. Erheblich gravierender schon war die Anschuldigung, amerikanische Wissenschaftler hätten das Virus absichtlich nach China eingeschleppt. Das schwerste Geschütz war die gegenseitige Beschuldigung, das Corona-Virus sei eine in Laboren entwickelte Biowaffe der Chinesen – beziehungsweise der Amerikaner.

Seit dem Mittelalter

In Kriegen mit dem erklärten Ziel, dem Gegner auf alle erdenkliche Art den größtmöglichen Schaden zuzufügen, gelingt dies mit Biowaffen besonders effektiv. Neu ist der Einsatz biologischer Waffen nicht, im Gegenteil. Bereits im Mittelalter wurden Pestleichen in belagerte Städte geschleudert, Indianerstämme steckte man durch verseuchte Decken mit gefährlichen Erregern an. Mit Milzbrand- und Rotzbakterien versuchten es die Deutschen im Ersten Weltkrieg. Das Genfer Protokoll von 1925 verbot den Vertragsstaaten die Herstellung und den Einsatz von biologischen Waffen.

Biowaffenkonvention

Mit Stand 2018 haben mittlerweile 182 Staaten die Biowaffenkonvention (BWC – Biological Weapons Convention), das Nachfolgeabkommen des Genfer Protokolls, unterzeichnet. Es hat seit dem 26.3.1975 Gültigkeit. Die wirksame Kontrolle allerdings ist schwierig. Denn ob ein Land an der Abwehr von Biologischen Waffen, an Nachweismethoden oder Impfstoffen arbeitet oder an der Möglichkeit zur Offensive durch Waffenentwicklung, ist nur schwer aufzudecken und nachzuweisen:

Die Verteidigung erfordert ähnliche Forschung wie die Vorbereitung zu Angriffen!

Alle Staaten haben ohnehin nicht unterschrieben ...

GoF/ Gain of Function-Forschung – Frankensteins Hexenküche?

Als die Corona-Krise begann, machten Vorwürfe, vor allem zwischen Amerikanern und Chinesen, die Runde. Vergleichsweise harmlos mutete die Unterstellung an, das Virus sei aus einem nicht ausreichend gesicherten chinesischen Labor beziehungsweise mit einem Laborversuchstier, einer Fledermaus, entwichen. Erheblich gravierender schon war die Anschuldigung, amerikanische Wissenschaftler hätten das Virus absichtlich nach China eingeschleppt. Das schwerste Geschütz war die gegenseitige Beschuldigung, das Corona-Virus sei eine in Laboren entwickelte Biowaffe der Chinesen beziehungsweise der Amerikaner.[239]

Da war etwas an die Oberfläche gekommen, von dem Marina Mustermann bis dato eher nichts gewusst hatte:

Es gibt die sogenannte *Gain-of-Function*-Forschung, ein Teilgebiet medizinischer Forschung.

„Ziele dieser Forschung sind, Übertragbarkeit, Virulenz[240] (der Grad der Pathogenität, also insbesondere Aggressivität und Giftigkeit) und Antigenität[241] anzupassen,

---

[239] „GoF-Arbeiten unter BSL-2 Standards an Corona-Viren in Forschungslaboren in Wuhan gelten als sicher belegt. Es gibt allerdings keine Belege, dass der Sars-CoV-2 Virus in diesen Laboren erschaffen wurde."(Siehe auch im folgenden wikipedia)

[240] Virulenz ist die „schädliche Aktivität von Krankheitserregern im Organismus beziehungsweise die Gesamtheit ihrer krank machenden Eigenschaften." (wikipedia)

(um) neu auftretende Infektionskrankheiten besser vorherzusagen und Impfstoffe zu entwickeln." (wikipedia)

Also: Wie kann man (Bakterien und) Viren anreichern, so dass sie gefährlicher, schneller, effektiver werden – natürlich nur zu guten Zwecken?

Wie nah „gute" und „böse" Zwecke beieinander liegen, zeigt ein Blick in die Historie:

Die Sowjetunion forschte bis 1992 an Biowaffen auf Grundlage von GoF-Forschung. (Ebola, Anthrax, Marburg-Virus und Pest)

„Ziel war es, den Mikroben neue Merkmale hinzuzufügen, die sie pathogener und übertragbarer machen."

„Vor der Gründung des BWC (Biological Weapons Convention) im Jahr 1972, über vier Jahre ab 1965, wurde das Johnston Atoll unter der Herrschaft der USA umfangreichen Biowaffentests unterzogen. Die amerikanischen strategischen Tests von Biowaffen waren ebenso teuer und aufwändig wie die Tests der ersten Wasserstoffbomben. ... Es wird geschätzt, dass ein Jet mit Biowaffenspray ,wahrscheinlich effizienter zum Tod von Menschen führen würde als eine Wasserstoffbombe mit zehn Megatonnen'. Das amerikanische Biowaffensystem wurde 1969 von Präsident Nixon eingestellt."

Das Genfer Protokoll von 1925 verbot den Vertragsstaaten die Herstellung und den Einsatz von biologischen Waffen. Mit Stand 2024 haben mittlerweile 183 Staaten die Biowaffenkonvention (BWC – Biological Weapons Convention), das Nachfolgeabkommen des Genfer Protokolls, unterzeichnet. Es hat seit dem 26.3.1975 Gültigkeit. Die wirksame Kontrolle allerdings ist schwierig.

---

[241] Auch die Immunogenität, auch Immunogenizität genannt, die Eigenschaft eines Stoffes, im tierischen oder menschlichen Körper eine als Immunantwort bezeichnete Reaktion des Immunsystems auszulösen.

Denn, ob ein Land an der Abwehr von Biologischen Waffen, an Nachweismethoden oder Impfstoffentwicklung arbeitet oder an der Möglichkeit zur Offensive durch Waffenentwicklung, ist nur schwer aufzudecken und nachzuweisen:

Die Verteidigung erfordert ähnliche Forschung wie die Vorbereitung zu Angriffen.

Vorkriegsära?

„D...(as folgende) Narrativ[242] *setzt sich* **in Europa von Regierungsseite**[243] *immer stärker durch.*

Der Krieg wird kommen, die Frage ist, wie er sich gestaltet.[244] *...*

Polens Präsident Donald Tusk *warnte in einem Interview unlängst davor, dass sich der Krieg in der Ukraine zu einem größeren Konflikt in Europa ausweitet. ... Krieg sei* **kein Konzept mehr aus der Vergangenheit,** *sondern habe bereits vor über zwei Jahren begonnen. ...*

General Carsten Breuer: *Es (das Nato-Manöver Quadriga) hat mir noch mal gezeigt, dass Kriegstüchtigkeit deutlich angekommen ist, dass man deutliche Schritte in Richtung* **Kriegstüchtigkeit** *gemacht hat.*

EU-Kommissionspräsidentin Ursula von der Leyen *warnte vor dem Europäischen Parlament, dass eine Kriegsgefahr zwar nicht unmittelbar bevorstehe, aber möglich sei. ...*

---

[242] Im Folgenden https://www.telepolis.de/features/Europa-2024-So-fuehlt-sich-eine-Vorkriegsaera-an-9697093.html

[243] Hervorhebung vom Autor.

[244] Layoutveränderungen vom Autor.

Sie alle prognostizieren einen Krieg und fordern in Konsequenz Aufrüstung. Über Frieden, Diplomatie oder Ausgleich spricht niemand.

*Umso verheerender ist **das Schweigen angesichts der Eskalationsgefahr**. Dieses Schweigen liegt gleichwohl darin begründet, dass dissidente Stimmen – auch das findet historische Parallelen – **der Fraternisierung mit dem Feind** bezichtigt[245] werden. …*

*Auch jenen wird Diskurswürdigkeit abgesprochen, die noch vor wenigen Jahrzehnten die europäische **Sicherheitsarchitektur mitbestimmt haben. Sie allerdings hatten Moskau einbezogen.**[246]"*

Der Wahrnehmungs- und Kognitionsforscher Rainer Mausfeld, emeritierter Professor an der Universität Kiel, schreibt in seinem Buch[247]:

*„Wenn es – was beispielsweise eine Herzensangelegenheit von Hillary Clinton und **weiten Teilen der US-Machteliten sowie der deutschen Leitmedien** war und noch zu sein scheint – zu einer **finalen Konfrontation zwischen Russland und den USA** kommen sollte, wird **Europa das atomare Schlachtopfer** sein, doch in ihrer Benevolenz[248] sind die USA wohl gerne bereit, dieses Opfer zu bringen."*

Der Klappentext hebt hervor:

„Besonders die sogenannten gebildeten Schichten sind anfällig für die Illusion des Informiertseins. Diese Schichten sind aus naheliegenden Gründen in besonderem Grade durch die jeweils herrschende Ideo-

---

[245] Putin-Versteher …
[246] Das gemeinsame europäische Haus …

[247] Mausfeld, R., Warum schweigen die Lämmer. Wie Elitendemokratie und Neoliberalismus unsere Gesellschaft und unsere Lebensgrundlagen zerstören, Westend 3. Aufl. 2018, S. 87.

[248] Der Anspruch der USA, ein „einzigartig gutartiges Imperium" zu sein.

logie indoktriniert – das war im Nationalsozialismus nicht anders als heute; sie sind durch ihre schweigende Duldung ein wichtiges Stabilisierungselement der jeweils herrschenden Ideologien."

„Vorkriegsära" – meinen die Politiker und Militärs das wirklich ernst?

Vogelfrei: Die Acht/Ächtung

… war und ist eine fiese Masche der Unterdrückung.

Vogelfrei
Schon bei den Germanen, in Mittelalter und Neuzeit gab es sie: Die Acht i.S.v. Ächtung. Der Mensch, den die Acht ereilte, verlor sein Mensch-Sein, er war den Vögeln und Tieren gleich „frei", jeder konnte ihn foltern, fangen, töten. Er war rechtlos, niemand durfte ihn aufnehmen, er blieb ohne Behausung.

Das Mensch-Sein absprechen
Die Acht – auch den Kirchenbann, der vergleichbar wirkte – gibt es nicht mehr. Aber Gruppen das Menschsein absprechen, sie verächtlich machen, ihnen aufgrund vermeintlicher Fehler oder Auffassungen das Mensch-Sein absprechen, das findet sich heute wieder.
Und wer kein Mensch oder kein „richtiger" Mensch ist, der hat auch die normalen Menschen-Rechte verwirkt.

Nicht gefeit?
In Deutschland hat man viel Erfahrung mit dem Mensch-Sein-Absprechen und dem Verächtlich-Machen ganzer Bevölkerungsteile. In dem Propagandafilm „Der ewige Jude" wurden die Juden als menschliche „Ratten" dargestellt.

Da müsste man meinen, dass unser Land gegen solche strukturellen Verirrungen gefeit ist.

Wahlalter 16

Eine Mehrheit der Bürger in Deutschland ist gegen die Absenkung des Wahlalters.

Die geplante Absenkung des Wahlalters kann jeder als Experte beurteilen. Wir waren alle einmal sechzehn. Die Devise der meisten Sechzehnjährigen: *Wir wissen nicht, was wir wollen, aber das mit aller Kraft.*
Mit sechzehn fängt das Leben (erst) an, man ist spontan, unerfahren, manipulierbar und radikal.

Der ideale Staatsbürger, sieht der so aus?

„Wahre" Ideologien und „richtige" Haltungen?

Ehemann Nummer 1 erläutert seiner Ehefrau, wie ernst es ihm mit der Gleichberechtigung der Frauen ist. Dann verprügelt er sie.
Ehemann Nummer 2 erklärt seiner Ehefrau, dass Frauen Menschen zweiter Klasse sind. Dann verprügelt er sie.
Gibt es einen Unterschied für die Misshandelten, weil Nummer 1 vor dem Prügeln die „richtige" Haltung geäußert hat?

Totalitarismus von rechts und von links
Der Nationalsozialismus war rassistisch, unterteilte Menschen in Herrenmenschen (Arier) und Menschen zweiter Klasse (Juden, Slawen). Hitler führte einen Angriffskrieg gegen Russ-

land, 20 Millionen Russen kamen ums Leben. 6 Millionen Juden fielen dem Terror zum Opfer.

Der Kommunismus ist eine „schöne" Ideologie, mit einem idealistischen Menschenbild.

Der Mensch ist sozial (nicht egoistisch), alle Menschen sollen gleich sein, die Welt ist Eine Welt, in der alles gerecht ist: Endziel kommunistisches Paradies.

Auf dem Weg dorthin gab es allerdings im real existierenden Sozialismus statt des „Reiz(es) der Idee, (die) Pleite der Praxis"[249]. Stalin und Mao hinterließen eine millionenfache blutige Spur in der Geschichte.

Nur eine Wahrheit

In beiden totalitären Diktaturen war Widerspruch nicht gewünscht und erlaubt, es existierte nur eine „Wahrheit"

Die Geschichte sollte eine Lehrmeisterin sein.

Wahrheitsfindung in der Informationsgesellschaft

Dass schon vor zweihundert Jahren die Suche nach der Wahrheit schwierig war, wusste bereits der Philosoph Arthur Schopenhauer (1788 – 1860). „Alle Wahrheit durchläuft drei Stufen. Zuerst wird sie lächerlich gemacht oder verzerrt. Dann wird sie bekämpft. Und schließlich wird sie als selbstverständlich angenommen."

In einer ständisch-feudalen Gesellschaftsordnung wie in den deutschen Territorien/dem Deutschen Reich des 19. Jahrhunderts war die Wahrheit oder das, was dafür gehalten wurde, weniger wichtig. Es gab keine Wahlen, keine Meinungsumfragen, man scherte sich kaum um die Bürger.

---

[249] Obst, Werner, Reiz der Idee – Pleite der Praxis, Interfrom, 1983

Wer sich im Besitz der „Wahrheit" befindet – oder die Mehrheit der Bürger dies wenigstens glauben machen kann – hat die Nase vorn? Die *persuasive Kommunikation* – die Überzeugung der Bürger von der Richtigkeit von Thesen und Meinungen – spielt eine hervorragende Rolle in der Politik. Nicht ins Bild passende Thesen und Meinungen gar nicht oder kaum zu berichten - totschweigen - scheint da eine probate Strategie. Eine nicht berichtete „Wahrheit" ist keine, sie existiert nicht.

Kronzeugen, Wissenschaftler, die Wissenschaft
Haben trotzdem viele Bürger von bestimmten Zusammenhängen Kenntnis erlangt, sind einschlägige Kronzeugen für die „offizielle" Meinung wichtig. Auch hier kann man drei Stufen ausmachen.
1. Der oder die hat gesagt... Der oder die sollte natürlich ein wichtiges Mitglied der Gesellschaft sein, nicht Frau Irgendwer oder Herr Mustermann.
2. Noch besser eignen sich Wissenschaftler, Experten. Sind es genügend, ist der Weg nicht weit zu
3. „der Wissenschaft".

Wahrheitssuche

Die Wissenschaft schreitet immer weiter voran. Es müsste leichter werden, die Wirklichkeit zu erfassen und der Wahrheit beständig näher zu kommen.

Die exponentiell anwachsenden Erkenntnisse und die explosionsartige Vermehrung von Fachbegriffen bedeuten für den Normalbürger jedoch auch ein Problem; sie sind so unübersichtlich und für den Laien so schwer nachvollziehbar, dass er zum

Verstehen der Vereinfachungen und der Wissensverschlankung von Experten bedarf. Das betrifft sowohl die Bereiche der Technik als auch der gesellschaftlichen Steuerungsmechanismen. Dass einfache Wahrheiten dem Risiko der Verfälschung unterliegen, wird schon in Animal Farm unübertrefflich dargestellt:

Four legs good, two legs bad.

Und manche Erkenntnisse tauchen auf diese Weise gar nicht mehr auf, fallen einfach unter den Tisch.

Gibt es sie demgemäß überhaupt – die Wahrheit?

Es ist noch gar nicht so lange her, da glaubte man daran im christlichen Abendland.

Man hatte doch die Bibel, die Offenbarung, das Wort Gottes. Man brauchte also nur in dieses Buch hineinschauen und würde alle Antworten auf die Fragen des dies- und jenseitigen Lebens, auf Moral, Ethik und Sinn des irdischen Daseins erhalten.

Die Tatsache, dass es im Christentum viele – unterschiedliche – Strömungen gegeben hat und noch heute gibt, zeigt, dass die Bibel, von Menschen einst aufgeschrieben, der Auslegung durch Menschen bedurfte und dass dabei recht unterschiedliche Wahrheiten zutage gefördert wurden.

Wahrheit, auch das zeigt die Geschichte, hat häufig ein Verfallsdatum.

Die Erde eine Scheibe mit umgebenden Sphären, an denen die Gestirne befestigt sind? Unsere Sonne als Mittelpunkt des Weltalls? Wurmlöcher, schwarze Löcher, Paralleluniversen und Riesenquasare? Die Wege der Erkenntnis waren mühsam, von vielen Irrtümern und Denkverboten begleitet, und sie sind noch lange nicht zu Ende.

Möglicherweise wird es dem Menschen mit seiner, nur wenige Prozent vom Menschenaffengehirn entfernten, Denkfabrik niemals gelingen, die Rätsel der Entstehung (und des Untergangs) von Erde und Universum aufzudecken.

Gibt es für das Zusammenleben der Menschen ewige Wahrheiten?

Wohl kaum. So, wie sich menschliche Lebensverhältnisse von der Steinzeit bis heute verändert haben, entstanden unterschiedliche Vorstellungen von sinnvoll und unsinnig, von richtig und falsch, von Gut und Böse. Führerprinzip? Ältestenrat? Elitenherrschaft? Herrschaft des Volkes? Liberalismus, Nationalismus, Sozialismus, Kommunismus … sowie alle Neo-Formen?

Schon der Blick auf die wenigen, vorstehend genannten Lebensbereiche zeigt, dass man „ewigen Wahrheiten" und ihren Verkündern mit Vorsicht begegnen sollte. „Wahrheiten" sind eher endlich, nur so lange wahr, bis die Wissenschaft, die Gesellschaft, geniale Pioniere „neue Wahrheiten" erforscht oder entdeckt haben. Auch diese Wahrheiten werden wohl irgendwann überholt sein.

Falls es denn richtig sein sollte, dass der Fortschritt in der Menschheits-Geschichte unaufhaltsam ist, müssten wir sicherlich alle daran mitstricken. Ohne vorgefertigte Prämissen und Interessen, seien sie auf den ersten Blick auch noch so ehrenwert, die Wirklichkeit um uns herum erkennen wollen, uns mit anderen frei austauschen, auch wenn Erkenntnisse unangenehm oder unerwünscht sein könnten und auf Ablehnung stoßen. *Erst mal erforschen, was ist* – in Abwandlung des Augstein-Mottos *Schreiben, was ist*.

Der (temporären) Wahrheit eine Gasse!

Kleiner Exkurs

Im Marxismus spielt/spielte die **Dialektik** für das Suchen und Finden der Wahrheit die entscheidende Rolle – als die „*Methode der Forschung und der Theoriedarstellung*".[250]

---

[250] https://de.wikipedia.org/wiki/Dialektik_bei_Marx_und_Engels

Wer sich einmal näher mit *Dialektik* als Gedankentheorem auseinandergesetzt hat, wird die allgemeine Kritik – dunkel, verworren, trivial, irrational, eher geeignet zur Wichtigmacherei[251] – bestens nachvollziehen können. So manchen ließ die Beschäftigung mit einigen Knoten im Kopf zurück. Nachstehendes zur Illustration …

Karl Grün aus Lodz ist von der marxistisch-leninistischen Schulung verwirrt. Er geht zum Rabbi und bittet um Klärung:

Zwei Dachdecker fallen durch den Kamin, bis in mein Zimmer. Einer ist sauber. Einer ist schmutzig. Wer von beiden wird sich waschen? Doch wohl der Schmutzige?!

Der Rabbi antwortet.

Mein Sohn, da irrst du.

Der Schmutzige wird sich den Sauberen angucken und denken, er ist selber sauber.

Der Saubere wird seinerseits den Schmutzigen betrachten, denken, er sei selber schmutzig und sich waschen gehen.

Oder aber – der Schmutzige geht sich waschen, weil er von Natur aus reinlich ist; und der Saubere geht sich nicht waschen, weil er von Natur eben nicht sauber ist.

Oder beide gehen sich waschen, weil beide reinlich sind.

Oder beide gehen sich nicht waschen.

Der Saubere muss sich ja nicht waschen, weil er ja sauber ist.

Und der Schmutzige geht sich ja nie waschen.

Karl Grün

Oh! Wie soll sich da einer auskennen?

---

[251] Ebda.

Rabbi
Siehst du – das ist Dialektik![252]

Gegen den Wahnsinn anschreiben

„Ich werde gegen den Wahnsinn dieser Welt anschreiben, bis ich tot umfalle", ließ sich Johannes Mario Simmel einst vernehmen.

Lesen Sie ein paar wahnsinnig witzige Meldungen aus den letzten Monaten …

„Wenn ein EU-Bürger seine Meinung nicht sagen darf, geht uns das alle an."
Welt über die Ausladung des italienischen Schriftstellers Antonio Scurati aus der Talkshow des staatlichen Fernsehsenders und dass dies eine Debatte über politische Zensur in Melonis Italien ausgelöst habe …

„Die ersten Profiteure der Cannabis-Legalisierung kristallisieren sich heraus."
Welt über das neue lukrative Geschäft mit Cannabis

„Ist die Ehe am Ende?"
Pocket

Das Bundesverfassungsgericht musste sich mit einer Berliner Kammergerichtsentscheidung in Sachen Klage von Entwicklungshilfeministerin Svenja Schulze gegen Julian Reichelt befassen. Dieses hatte entschieden, dass der Beklagte Julian Reichelt nicht sagen dürfe,

---

[252] Brandt, W., a.a.O., S. 103.

„Deutschland zahlte in den letzten zwei Jahren 370 Millionen Euro Entwicklungshilfe an die Taliban. Wir leben im Irrenhaus.",
denn, dass wir in einem Irrenhaus leben würden, entspreche nicht den Tatsachen, so die Richter des Kammergerichts.
Das Bundesverfassungsgericht urteilte anders.
Regierungskritik sei kein Straftatbestand.[253]

Sehr beruhigend - das gehörte in dieser Demokratie (= Herrschaft des Volkes) mal klargestellt ...

Was und Wer und Bill Gates

In Deutschland gehörte eine negative Berichterstattung über den superreichen Tycoon lange Jahre zur Seltenheit. Der große Philanthrop[254] schien den meisten Medien über jeden Zweifel erhaben.

So mancher FAZ-Leser wird sich am 22. November 2023 wohl auch deshalb die Augen gerieben haben. Steht da doch als Schlagzeile über einem, eine ganze Seite umfassenden Artikel, ein Zitat aus dem neuen Buch von einem *Tim Schwab:*
„Bill Gates ist ein Problem für die Demokratie."
– und dieses Gates-kritische Werk wird ausführlich in der FAZ[255] besprochen!
Im Folgenden einige Auszüge aus dem Interview.

Tim Schwab
„Es gibt viele Leute, die die Stiftung[256] als Monopol beschreiben.

---

[253] nachzulesen bei Jan Fleischhauer, Focus 18/2024, S. 8.
[254] Im Osten unseres Kontinents werden solche Superreichen (mit wohltätiger Mentalität) eher als Oligarchen bezeichnet.
[255] FAZ, 22. November 2023, Nr. 272, S. 19.
[256] Bill- and Melinda-Gates-Foundation

Sie hat genug Geld, um politische Felder oder andere Themenge-biete ganz oder zumindest teilweise zu besetzen, zum Beispiel das öf-fentliche Bildungswesen, Landwirtschaft in Afrika oder Impfpolitik.

Bill Gates hat eine sehr eng gefasste Vorstellung davon, wie die Welt funktionieren sollte, und er hat genug Geld, um diverse Gruppen finanziell zu unterstützen, die sich mit seinen Themen befassen, von Nichtregierungs-organisationen über Thinktanks, Universitäten und Medien bis hin zu Regierungen. Und dann rudern auf einmal die meis-ten von denen in die gleiche Richtung, und das sorgt für eine sehr star-ke Strömung, gegen die etwaige Gegner und Kritiker nur schwer an-kommen. ...
Ich denke, Bill Gates ist eine fundamental antidemokratische Figur und ein Problem für die Demokratie. Er ist jemand, der über seinen extremen Reichtum Macht ausübt. ... die Aussicht auf Hunderte von Milliarden Dollar von diesen Menschen[257] für Philanthropie ist für mich ein Anlass zur Sorge und nicht zum Jubel. Es sei denn, wir wol-len, dass Leute wie Gates, Bezos und Zuckerberg eine immer größere Rolle in der Gestaltung der Welt spielen. ... Wir sollten es Leuten nie erlauben, so reich zu werden."

Auf die Problematik (*Was*) wurde durchaus schon länger hingewiesen – aber anscheinend von den „Falschen" (*Wer*)? Nun haben es die „Richtigen" aufgegriffen – da werden die Warnun-gen vermutlich nicht nur abgetan, abgestempelt, abgelehnt, son-dern gehört?

Wie sagte einst Sahra Wagenknecht?
Wenn die AFD sagt, der Himmel ist blau, sage ich nicht, er ist grün.

---

[257] Wie die nachstehend Erwähnten (Bezos, Zuckerberg)

Joseph von Eichendorff schreibt sein Gedicht von Weihnachten, einst das Fest von Liebe und Familie, aus der Perspektive des einsamen Wanderers.

Markt und Straßen steh'n verlassen
Still erleuchtet jedes Haus
Sinnend geh ich durch die Gassen
Alles sieht so festlich aus.

Nimmt man die Aussagen von Beatrice Fasl, einer österreichischen feministischen Autorin ernst, wäre Alleinsein – am Weihnachtsabend und sonst wann – nichts Trauriges, sondern eigentlich erstrebenswert, denn: [258]

- „Frauen sind **mit** männlichen Partnern **wesentlich unglücklicher** als **ohne** Männer[259].
- **Unverheiratete Frauen ohne Kinder** sind die **gesündeste** und **glücklichste Bevölkerungsgruppe.**"[260]

Gestern Abend, bei meinem großen Einkauf für die Familien-Weihnachtsfeiertage, stand ich an der Kasse hinter einer Frau, die drei Dosen Ravioli aufs Band gelegt hatte.

---

[258] https://www.wienerzeitung.at/a/beziehungen-mit-maennern-lieber-ambulant-als-stationaer

[259] Hervorhebungen vom Blogger.

[260] Quellenkritik ist hier – wie überall – dringend geboten! Forscht man nach, gibt Beatrice Fasl für ihre Weisheiten, wider alle Erfahrung, nur eine einzige wissenschaftliche Quelle an (Anita Riecher-Rössler: „Weibliche Rollen und Psychische Gesundheit" In: Wimmer-Puchinger et al. Irrsinnig weiblich – Psychische Krisen im Frauenleben. Hilfestellung für die Praxis. Springer: 2016, 19-34).

Ob es tatsächlich glücklich macht, nur für sich selbst zu sorgen?

„Wenig Wissen, viel Meinung."

Mit diesem Spruch hat ein bekannter Bundespolitiker das Agieren eines noch bekannteren Bundespolitikers charakterisieren wollen.

Trifft das Gesagte vielleicht ein wenig oder gar auf große Teile unserer Gesellschaft zu?

Wokismus – eine neue Ideologie?

*Wissen Sie, was der englische Begriff **woke** bedeutet? Wussten Sie es vor einigen Jahren?*[261]

Woke vermittelt zunächst einmal etwas Positives. Am Morgen, nach einer dunklen und langen Nacht des Schweigens, scheint die Sonne ins Fenster, alles liegt klar vor demjenigen, der nun ein *Aufgewachter* ist.

-ismus
Wenn da nicht der -ismus wäre, auf Neulateinisch „Kennzeichnung für eine spezielle, oft einseitige Lehre" (wiktionary).
Angewöhnt haben wir uns, alles, was einen -ismus am Ende trägt, mit Argwohn als eine (einseitige) Übertreibung zu betrachten. Da heißt es allerdings auch, in den politischen Diskussionen

---

[261] Aus dem Englischen; das Partizip Perfekt von to wake, übersetzt aufgewacht.

aufzupassen; mit neuen Begriffen lässt sich's auf jeder Seite des politischen Spektrums trefflich instrumentalisieren ...

Die Woken

Die Woken – was wollen die eigentlich?

Angefangen hat alles in den USA – nicht zuletzt unter dem Einfluss der marxistischen Frankfurter Schule – mit der *Parteilichkeit*[262], dem priorisierten Eintreten für die (vermeintlich oder wirklich) Unterdrückten. An den Universitäten beispielsweise wurden in Gestalt der aus der Parteilichkeit folgenden Konsequenz, der sogenannten *affirmative action*, Schwarze bevorzugt aufgenommen oder bei Stellenbesetzungen bevorzugt.

Nun hat der Supreme Court diese, seit 1978 bestehende *affirmative action*, für verfassungswidrig erklärt.[263] Bevorzugung einer Gruppe/von Gruppen ist eben immer nur durch Benachteiligung anderer Gruppen zu bewerkstelligen. Aber was nützt es der Menschheit, wenn Rassismus gegen Schwarze durch Rassismus gegen Weiße ersetzt wird, weil man Letzteren eine historische Schuld zuweist?

Historische versus persönliche Schuld

Historische Schuld – etwas, was Vorfahren getan haben?

Persönlich schuldig wird man durch das, was man selbst tut/getan hat, dafür ist man verantwortlich, muss zur Rechenschaft gezogen und bei Nachweis bestraft werden.[264]

Die Woken - Geschenk oder Bedrohung?

Wer die Antwort finden will, sollte das Buch des USA-Spiegel-Korrespondenten René Pfister lesen.

---

[262] Begriff von Lenin

[263] https://www.google.com/search?client=firefox-b-d&q=affirmative+action+supreme+court

[264] Dass ein Staat als Rechtsnachfolger eines Unrechtsregimes, z.B. des Dritten Reiches – wie im Falle von Israel – Wiedergutmachung leistet, bleibt von dieser Fragestellung natürlich unberührt.

Er liefert aus dem Ursprung und Zentrum des Geschehens eine bedrückende Anschauung – für unsere eigene Gegenwart und Zukunft?[265]

Wokismus und die praktischen Folgen

René Pfitzer[266], eher aus dem linken Spektrum und Alexander Wendt[267], eher aus dem rechten Spektrum haben jeder ein Buch über sie geschrieben: über die Woken, die Erwachten – oder gar die Erleuchteten?

Die Woken, die Wohlgesinnten, untersuchen Vergangenheit und Gegenwart, klopfen sie ab auf reale oder vermeintliche Unterdrückung und Benachteiligung von Gruppen.

Ihr Ziel: Zu canceln, auszulöschen oder zu verändern, was diese Benachteiligung gefördert hat, gefördert haben könnte oder noch fördert. Da entsteht natürlich kein Mangel an ständiger Veränderung.

Astrid Lindgrens Bücher müssen umgeschrieben werden, Jim Knopf betrifft es auch, im Außenministerium wird schon mal das Bismarck-Zimmer umbenannt.

George Orwell, der Analyst und Prophet des Autoritarismus und Totalitarismus soll überprüft werden, ob man in irgendei-

---

[265] René Pfister, Nur ein falsches Wort: Wie eine linke Ideologie aus Amerika unsere Meinungsfreiheit bedroht. Spiegel Buchverlag 2022

[266] Ebda.

[267] Alexander Wendt, Verachtung nach unten. Wie eine Moralelite die Bürgergesellschaft bedroht – und wie wir sie verteidigen können, Lau Verlag 2024

nem verborgenen Winkel irgendetwas in Richtung Antisemitismus bei ihm finden könnte.

In *„Sturm der Liebe"* wird in Dialogen dann und wann eifrig gegendert. Ob das realistisch ist?

Der Wokismus ist wohl überall angekommen, auch in der entlegenen Provinz ...

Eine verschlafene kleine Stadt mit einer hübschen kleinen Kinderbühne. Oma, Mama und Enkelkinder freuen sich auf Rumpelstilzchen.

Die Theaterdirektorin begrüßt die Zuhörer.

„Heute seht ihr Humpelhilzchen."

Zwei Kinder rufen sofort: „Nicht Humpelhilzchen, Rumpelstilzchen."

Die Direktorin fährt ungerührt mit der biografischen Darstellung fort.

„Humpelhilzchen humpelt, deshalb wurde es in seiner Kindheit gemobbt und ging in den Wald."

Häh?

Muss, wo Rumpelstilzchen draufsteht, nicht auch Rumpelstilzchen drin sein?

Die Kostüme sind traditionell, zur Freude der Kinder. Der Müller verdreht alle Worte, hat augenscheinlich einen Knoten im Knopf, die Aussprache des Königs ist für einen Schauspieler mindestens gewöhnungsbedürftig, das Humpelhilzchen, das sich selbst aber dann doch auch mal Rumpelstilzchen nennt und damit für weitere Verwirrung sorgt, kommt ansonsten mehr oder weniger erwartet daher. Dass es der Königin ihr neugeborenes Kind wegnehmen will, hat nun aber nachvollziehbare Gründe. Es ist eben so einsam und sucht einen Spielgefährten – kann man fast verstehen, oder?

Als die mittlerweile zur Königin aufgestiegene Müllerstochter im lauten Selbstgespräch Namen für das bisher im Erscheinungsbild männliche Wesen sucht, nennt sie vorwiegend Frauennamen. Der König verschenkt als neugeschaffener Philanthrop die Hälfte des gesponnenen Goldes, das Humpelhilzchen wird – Friede, Freude, Eierkuchen – Finanzminister. Alle haben sich lieb.

Ist die Welt so? Dient das Umschreiben traditioneller Vorbilder der Wahrheitsfindung, schafft man so bessere „Erziehung" oder ist es Indoktrination im Namen des Guten, die bei nicht wenigen Reaktanz, Ablehnung hervorrufen wird?

Ob die kleine hübsche Bühne die Verwandlung ohne kräftige Subventionen und Gelder bis zur nächsten Saison überleben wird?

Zauberlehrlinge: Wollen wir KI?

Ist KI unabwendbares Schicksal? Wird sie immer tiefer in alle Lebensbereiche eindringen, obwohl viele sie vielleicht gar nicht wollen oder brauchen? Bestimmen die Völker oder die KI-Designer und -Produzenten darüber?

Bis vor Kurzem schien es einen Konsens zu geben: Nicht alles, was wissenschaftlich möglich ist, wird getan.

- So erschufen wir – bisher – keine genetisch manipulierten Wesen aus Mensch und Tier.
- Eingriffe ins Erbgut von Menschen, Gentechnologie, war mehr oder weniger verboten, mit hohen Hürden zu ihrem Einsatz versehen und in jüngerer Zeit zumindest noch umstritten. Wer erinnert sich nicht an die Aufmärsche früherer Umweltbesorgter vor Feldern, in denen mit genetisch manipuliertem Saatgut experimentiert wurde?

- Menschen werden immer noch von ihren Müttern ausgetragen und geboren. Die Entwicklung künstlicher Gebärmütter allerdings ist auf dem Vormarsch.
- Noch werden Menschen nicht gechipt, so dass man sie wie einen Code auslesen kann. Auch daran wird intensiv geforscht.

Nun sind die warnenden Stimmen vor KI, gerade von KI-Experten, unüberhörbar.

„Das Risiko einer Vernichtung durch KI zu verringern, sollte eine globale Priorität neben anderen Risiken gesellschaftlichen Ausmaßes sein, wie etwa Pandemien und Atomkrieg."[268]

„Künstliche Intelligenz hat enorme gesellschaftliche Auswirkungen: beim Datenschutz, bei Arbeitnehmerrechten. ... Wir werden eine erhebliche Automatisierungswelle[269] *erleben.*[270]

„Das US-Unternehmen Palantir hat sein KI-Produkt für das Militär vorgestellt. Ein Video zeigt, wie künstliche Intelligenz schon sehr bald ganze Armeen anführen könnte. ... Im Demo-Video von Palantir müssen an entscheidender Stelle noch immer Menschen die wesentlichen Entscheidungen treffen. Technisch hätte das KI-System dies auch allein regeln können – die nötigen Daten dazu lagen vor."[271]

Tech-Milliardär Elon Musk fordert einen „unverzüglichen" Entwicklungsstopp von KI-Systemen, die leistungsfähiger sind als das umstrittene Sprachmodell GPT-4 der Firma OpenAI.

---

[268] https://www.t-online.de/digital/aktuelles/id_100184364/chatgpt-erfinder-technologie-koennte-menschheit-vernichten.html

[269] die sehr viele Arbeitsplätze vernichten oder verändern wird
[270] https://www.t-online.de/digital/netzpolitik/id_100187150/chatgpt-und-ki-in-der-kritik-so-schaetzt-eine-ki-expertin-die-gefahren-ein.html

[271] https://www.t-online.de/digital/aktuelles/id_100167626/chatgpt-als-general-der-krieg-der-zukunft-sieht-aus-wie-ein-computerspiel.html

In dem Schreiben, das von mehr als 1.000 KI-Experten und Tech-Führungskräften unterzeichnet wurde, lesen wir:

„Sollen wir zulassen, dass Maschinen unsere Informationskanäle mit Propaganda und Unwahrheit fluten? ... Sollten wir nichtmenschliche Geschöpfe entwickeln, die uns schließlich zahlenmäßig übertreffen, überlisten, obsolet machen und ersetzen könnten?"[272]

Noch ein Detail: KI ist außerordentlich energieintensiv – woher soll bei der proklamierten Energieknappheit die zusätzliche Energie eigentlich kommen?

Italien hat bei der Lage der Dinge ChatGPT zunächst einmal verboten.

Die EU plant für 2024 ein Regulierungsgesetz, u.a. mit freiwilliger Selbstkontrolle, Verpflichtungen zur Beachtung von Urheberschutz.[273]

Ob das reicht?

In Goethes Gedicht „Der Zauberlehrling" spricht der Meister ein Machtwort und macht dem ganzen Spuk ein Ende ...

---

[272] https://www.t-online.de/digital/aktuelles/id_100152200/elon-musk-will-gefaehrliche-ki-entwicklung-stoppen-offener-brief.html

[273] https://www.t-online.de/digital/aktuelles/id_100160518/kuenstliche-intelligenz-eu-plant-gesetz-zur-regulierung-von-chatgpt-und-co-.html

Ach, da kommt der Meister!

„Herr, die Not ist groß![274]
Die ich rief, die Geister,
werd' ich nun nicht los."

„In die Ecke,
Besen! Besen!
Seid's gewesen."

---

[274] Angepasste Rechtschreibung und Rhythmisierung vom Autor.

Es ist schon sehr, sehr lange her – da gab es ein Gebiet, in dem Duckmäuse ansässig waren. Stets in gebeugter Haltung schlichen sie herum, traten, um nicht aufzufallen, nur ganz leise mit ihren Füßchen auf. Zur Körperpflege benutzten sie Öl. Geschmeidigkeit wurde für eine gute Eigenschaft gehalten, weil sie Zusammenstöße mit dem Duckmäusekönig oder anderen duckmäusigen Landsleuten verhindert. Der Duckmäusekönig führte ein seltsames Regiment. Traditionellerweise musste er besonders dumm sein. Damit dies aber nicht auffiel, mussten die Duckmäuseuntertanen noch dümmer sein oder wenigstens so tun. Bei den Duckmäuse-Versammlungen redeten die dümmsten nicht selten am häufigsten und am längsten.

So herrschten die Duckmäuse eine ganze Zeit – aber Gottseidank gibt es ja heute keine mehr.

Die Autorin

*Luise Link lebt in
Rockenberg/
Hessen.*

*Bisher sind von ihr zwölf Bücher erschienen, zwei satirische Ratgeber,
ein Kurzroman, drei Erzählbände und deren überarbeitete Gesamtausgabe, ein Sachbuch übers Schreiben, ein Band mit biografischer Fiktion,
ein Zukunftsroman, Betrachtungen über Omas sowie eine Künstlerbiografie mit Geschichten.
An einigen lokalen Anthologien war sie mit jeweils mehreren Beiträgen
beteiligt.
Die Autorin war Lehrerin für Englisch und Politische Bildung. Sie ist
verheiratet, hat eine Tochter und zwei Enkeltöchter.*

2016

- *Erzähl Dir Zeit, Band 1*
- *Self-Publisher-Blues*

2017

- *Erzähl Dir Zeit, Band 2*
- *Erzähl Dir Zeit, Band 3*

2018

- *Die Farm der Hühner. Fabelhaftes aus Hessen*
- *Sie wollen ein Buch schreiben? Literarische Technik für Einsteiger*

2019

- *Erzähl Dir ZeitGeschichten*
- *Werden Sie wichtig. Ein satirischer Ratgeber*

2020

- *Utopisch. Ideen und ihre Geschichten*

2021

- *Mondia oder Die Verschwörung der Gleichen. Zukunftsroman*

2022

- *Über Omas. Wissenswertes und Amüsantes, Bilder und Geschichten*

2023

- *Doris Bauer. Bilder und ihre Geschichten*

Sie finden die Autorin im Netz unter

www.luiselink.blogspot.com

www.amazon.de/Luise-
Link/e/B01AJLBEJA%3Fref=dbs_a_mng_rwt_scns_share

Im Land der braven Teutonen

Die Mission

Der Alien-Erzählung erster Teil